なぜ仏教は多様化するのか

〝教え〟は〝真理〟の乗物にすぎない！

平岡聡

大法輪閣

はじめに

地球が誕生してから、四六億年が経過した。そして生命体が誕生したのが、今からおよそ三八億年前。最初は単細胞から出発した生命体は悠久の時間をかけて多細胞へと進化し、その中のあるものは海中から地上へと生息地を変え、今では多種多様な生物がこの地球上に生息している。

進化論に従えば、突然変異と自然淘汰が生物の多様性を促進したという。生物と仏教を単純に同一視することはできないが、約二五〇〇年前、最初はブッダの教えとして誕生した仏教も、時代性と地域性とに適応すべく、時間をかけて多様化の道を辿った。

南方系（スリランカやタイなど）の仏教徒の目には、現代の日本の仏教は奇異に映るに違いない。彼らは、肉食妻帯を憚《はばか》らない日本の出家者を出家者とみなすことに、違和感を覚えるだろう。そのような日本の仏教を全面的に肯定する気持ちはさらさらないが、そうかといって頭ごなしに否定するつもりもない。私自身も出家者の端くれである以上、今の日本の仏教を無条件で否定されれば、「ちょっと待った！」と日本仏教擁護の論陣を張りたくなる。

それはともかく、それほどまでに仏教が二五〇〇年の歴史の中で多様化してしまったのは事実だ。「地域によって出家者かどうかを判別できない宗教とは、いったい何なのか」と疑問に思う人がいても不思議ではない。また他宗教と比較した場合、その聖典の量にも大きな開きがある。とくにキリスト教の新約聖書と比べれば、仏教の経典は初期経典だけでもかなりの量だが、これに大乗経典を加えると、とんでもない量になる。

他宗教と比べれば、何から何まで規格外の仏教だが、本書ではその仏教の多様化を問題にする。学問的な俎上に載せて正確に比較したわけではないが、他宗教と比べ、仏教の多様化の度合いは群を抜いているのではないか。では、なぜこれほどまでに仏教は多様化したのか。「進化論」を援用し、その理由を解明するのが本書の目的だ。

この作業を通じ、日本仏教の問題点も見えてくる。それは「出家者の肉食妻帯はけしからん！」といった問題ではなく（それはそれで問題かもしれないが）、仏教という宗教の本質にかかわる根本的な問題である。それはもはや日本仏教という狭い枠組みには収まらない、より普遍的な仏教の存続にかかわる問題かもしれない。

なぜ仏教は多様化するのか

〝教え〟は〝真理〟の乗物にすぎない！

目次

凡例

①歴史的 Buddha、すなわち釈迦牟尼（＝ガウタマ・シッダールタ／ゴータマ・シッダッタ）仏は「ブッダ」とカタカナ表記し、その他の Buddha は「仏」と漢字表記する。ただし、慣用表現は、「ブッダの滅後」ではなく「仏滅後」、「ブッダの弟子」ではなく「仏弟子」、「ブッダの伝記」ではなく「仏伝」などと漢字で表記する。

②経典名を〈　〉でくる場合は、その経典の異訳を含めた総称を意味する。つまり、〈無量寿経〉はインド原典・チベット訳（＝蔵訳）・漢訳などをすべて含んだ総称、また『無量寿経』は康僧鎧訳の漢訳経典を意味し、両者を区別する。

③インド語を記す必要がある場合は、（サンスクリット／パーリ）の順とする。

④漢数字について、固有名詞化している数字はたとえば「第十八願」、単なる数字を表す場合は、「一八歳」などと表記することを基本とする。

⑤日本の仏典の引用については、原典の「たまふ」は「たまう」など、現代仮名遣いに改めている。

略号表

AN: *Aṅguttara-nikāya*, 6 vols., PTS.

D.: Derge (Taipei Edition).

Dhp.: *Dhammapada*, PTS

DN: *Dīgha-nikāya*, 3 vols., PTS.

L-Sukh.: *Larger Sukhāvatīvyūha*, ed. A. Ashikaga, Kyoto, 1965.

MMK: *Mūlamadhyamakakārikās (Mādhyamikasūtras) de Nāgārujuna, avec la Prasannapadā Commentaire de Cāndrakīrti*, ed. L. de laVallée Poussin, St. Petersburg, 1903–1913 (Reprint: Tokyo, 1977).

MN: *Majjhima-nikāya*, 4 vols., PTS.

PTS: Pali Text Society.

Sn: *Suttanipāta*, PTS.

SN: *Saṃyutta-nikāya*, 6 vols., PTS.

SP: *Saddharmapuṇḍarīkasūtra*, ed. H. Kern and B. Nanjio, St. Petersburg, 1908–1912 (Reprint: Tokyo, 1977).

S-Sukh.: *Smaller Sukhāvatīvyūha*, ed. M. Müller and B. Nanjio, Oxford, 1883.

T.: *Taishō Shinshū Daizōkyō*, ed. J. Takakusu and K. Watanabe, et al. 55 vols., Tokyo, 1924–1929.

Th.: *Theragāthā*, PTS.

Vin.: *Vinayapiṭaka*, 5 vols., PTS.

序章　本書の前提

本章では、本書を読み進めるための準備作業として、まずは本書の視点と構成について説明する。「はじめに」で指摘したように、本書は進化論を援用するが、その中でもとくにリチャード・ドーキンス（イギリスの進化生物学者・動物行動学者）の「利己的な遺伝子」を活用するので、それを簡単に解説し、あわせて本書の視点と構成とを説明する。その後、多様化の舞台となったインド・中国・日本の仏教史を簡単にまとめる。ここでは本書を理解する上で必要最低限度の内容に絞って記述するので、その内容には偏りがあることを断っておく。

一．本書の視点と構成

進化論

キリスト教文化圏では「神が人間の創造主」というのが大前提であり、中世までヨーロッパ世界ではそれが常識だったが、近世のイギリスに自然科学者チャールズ・ダーウィンが出現したことで、この大前提は変更を余儀なくされた。長い時間をかけ、ヒトはサルと共通の祖先から進化したことを明らかにしたのだ。時代の経過とともに彼の理論は修正を施されつつも、大筋では現代生物学の基盤をなす理論を提供している。

まずは更科［2019］を参考に、ダーウィンの進化論の主張をまとめてみよう。その主著『種の起源（On the Origin of Species）』は一八五九年に初版が出版され、その後、さまざまな批判に応えるべく何度も改訂され、第六版改訂版（最終版）は一八七六年に出版された。ダーウィン自身はキリスト教徒であり、進化の法則は神が設定したとみなすため、神学的な著作という側面もあるが、今日の科学に強く影響を及ぼした科学書でもあることは間違いない。その主張は以下の三点である。

①多くの証拠をあげて、生物は進化することを提示したこと
②進化のメカニズムとして自然選択を提唱したこと
③進化のプロセスとして分岐進化を提唱したこと

生物の進化を提唱した人は紀元前から存在したが、ダーウィンの功績は、単なる自分の

意見を述べただけではなく証拠を示した点、つまり仮説を検証した点にある。またもう一つの功績は、進化のプロセスとして③「分岐進化」を提唱した点だ。ダーウィン以前にも生物が進化すると考えた人はいたが、彼らの考える進化はいずれも「直線的な進化」であった。しかし、一つの種が二つの種に分かれ、枝分かれ的に進化すると考えたのはダーウィンが初めてである（ヒトはサルから進化したのではなく、両者は共通の祖先から分岐して進化したので、サルがいくら進化してもヒトにはならない）。

よって、①と③に大きな問題はないが、②については、その後の科学の発展により、現在では自然選択以外の要因（主に遺伝子に関するもの）も想定されている。ジェームズ・ワトソン（アメリカの分子生物学者）とフランシス・クリック（イギリスの分子生物学者）がDNAの二重らせん構造を解明したのは一九五三年なので、ダーウィンがそれを知らなかったのも無理はない。ともかく、今では進化のメカニズムに関し、自然選択に加えて、遺伝的浮動（繁殖に際し、雄と雌の遺伝子が無作為に抽出され、遺伝子頻度が偏ること）、遺伝子交流（ある集団に異集団が移入し、タイプの違う遺伝子がもたらされること）、そして突然変異（遺伝子のコピーミス）も想定されている。

さらに自然選択に関し、現在の進化生物学はその働き方に二つの異なった選択を想定する。一つは安定化選択、もう一つが方向性選択だ。たとえば、前者は中間的な体の大きさが有利なときは両極にある大きな体の個体と小さな体の個体が除かれ、その結果、体の大きさは変化しないように維持される。一方、後者は体の大きな個体が有利なときは、自然選択によって体の小さい個体が除かれ、結果として体の大きさの平均値は大きくなる。このうち、ダーウィンが考えたのは方向性選択だけだった。

ダーウィンの進化論は、「弱肉強食の論理」や「優生思想」と誤解されたり、またその後の科学の発展によって修正を要する箇所もあるが、今日の進化論の礎を築いたことは間違いない。また彼の進化論は、遺伝学・人類進化学・古生物学・生態学・生物地理学・動物行動学にも影響を与える普遍性を持つが、本書でも彼の理論を援用し、仏教の多様化を説明してみよう。

ドーキンスの利己的な遺伝子

竹内［1994］に基づき、ダーウィンの進化論を遺伝子という観点からさらに進化させたドーキンスの進化論、すなわち「利己的な遺伝子」について要点を整理する。

オックスフォード大学で学び、オランダの高名な動物行動学者ニコ・ティンバーゲンの弟子だったドーキンスは一九七六年、三五歳で“The Selfish Gene”という衝撃的な著書を出版した。日本では『利己的な遺伝子』と題して出版されたが、これは「生物は遺伝子が自らのコピーを増やすために作った生存機械にすぎない／生物の個体は遺伝子が自らを乗せるために作り上げた乗物にすぎない」というのが、その主旨である。これにヒントを得て、本書では「（個別の）教え（教法）は真理（理法）の乗物にすぎない」ととらえてみたい（教法と理法については後述）。

生命の本質は自分で自分のコピーを作ること、つまり自己複製だが、この自己複製子は最初、むき出しのままだった。しかし、それでは傷つく恐れがあるので、周囲に防護壁や防護壁と自分との間を埋める物質を作ることに成功した自己複製子だけが生き残った。これを実現させるためには、自己複製子がまれにコピーミスを犯すという性質（突然変異）が大きく関与する。

こうして自己複製子は最初の乗物らしきものを作った。そして自己複製子は自己の複製を快適かつ安全なものにするために、乗物の改良に取りかかる。こうして生物は単細胞から多細胞へと変化し、また生殖を司る細胞（生殖細胞）とそうでない細胞（体細胞）とを分化させ、新たな乗物を作った。こうして環境に応じ、水中の乗物、水陸両用の乗物、温度変化には弱いが気温の高いところでは活発に動き回る乗物、空を飛べる乗物、また新たな乗物を乳で育てるという乗物など、多様な乗物がこの世に出現した。この乗物の中には急速に脳を発達させてしまったために、この利己的な遺伝子の陰謀に気づき、おまけにそれを本という形で出版する乗物も現れた。

このような過程は、実際には遺伝子に起こる突然変異と、それにかかる自然淘汰とによって生じ、悠久の時間をかけた試行錯誤の繰り返しと積み重ねによるが、この時間をぎゅっと短縮して考えると、それはあたかもはっきりとした目的を持って展開されたかのように思えてしまう。よって、ドーキンスの考えは「遺伝子が利己的であると仮定すると、物事の説明がうまくつくので、ここは一つ遺伝子に〝人格〟を与えてみようではないか」という提案なのである。

たとえば、あくまで一般論だが、親は自己犠牲を払ってでも子を守ろうとするが、それは自分が生き残るよりも、子が生き残った方が遺伝子の複製（生き残り）に有利だからだ。ここには「親の子に対する愛情」というウエットな感情はない。

利己的な遺伝子の願いは、ひたすら自分のコピーを増やすことだ。実際に個体の行動を決める最大のカギは、種の繁栄でも個体の利益でもなく、この遺伝子の利己性にあるというのがドーキンスの考えである。これをもとにドーキンスは具体的に動物の奇妙な行動を取り上げ、その行動の謎を「利己的な遺伝子」で説明する。

本書の視点と構成

本書では仏教の多様化を論じるが、その伝承の過程で、さまざまな突然変異が起こった。それはブッダや先師の言葉に対する再解釈や新解釈によって生じることもあるし、インド原典が漢訳される際に誤訳されたり、インド原典にはない文を追加したりすることでも生じる。そして、その突然変異に地域性や時代性（末法《まっぽう》思想など）という自然淘汰の圧がかかり、その環境（地域と時代）に適合して苦の滅に有効に機能すれば、その教えは生き残り、そうでなければ死滅する。こうして仏教は多様化してきた。

仏教の多様化と生物の多様化とをまったく同一視することはできないが、進化論に基づく生物の多様化を援用することで、仏教の多様化は理解しやすくなる。よって、本書では進化論の考えを取り入れつつ、仏教の多様化を論じてみたい。

本書の視点が明らかになったので、つぎに本書全体の構成について説明する。まず第一章と第二章では仏教が多様化する主な要因を、言葉自体が持つ性質（第一章）と、仏教史の中で起こった仏典の解釈（第二章）に求め、それぞれに解説を加える。進化論で言えば、突然変異が生じる原因である。このうち、後者が第一義的な要因であり、前者は第二義的な要因である。

第三章では少し視点を変え、多様化の背景として、インド人の伝統重視の姿勢（この尚古《しょうこ》的性格は中国人も共通する）、および伝統を重視しながらも革新を求める精神性について整理する。このインド本国の仏教の伝統は、中国仏教や日本仏教にも継承された。以上が、多様化の要因および背景の説明である。

以上に基づき、第四章以降は、インド（第四章）・中国（第五章）・日本（第六章）における多様化の具体例を個別に確認していく。まず第四章では、多様化の顕著な具体例である大乗経典や密教、また伝統仏教には直接トレースできない大乗仏教の新たな思想の中観《ちゅうがん》・唯識・如来蔵を取り上げる。これらは大乗仏教になって初めて登場したかに見えるが、じつはその萌芽はすべて伝統仏教に求めることができるので、その源泉および多様化する過程を整理する。

第五章では、インドで誕生した仏典が、地理的・文化的背景（とくに言語体系）のまったく異なる中国に将来されたことで、仏教はさらに激しく多様化したことを確認する。ここでは中国仏教を特徴づける四つの思想、すなわち天台・華厳・禅・浄土に限定して、その多様化を跡づける。

つづく第六章では、中国仏教の影響を強く受けて成立した日本仏教の中でも、とくに鎌倉新仏教に焦点を当て、法然・親鸞・道元・日蓮の仏教を手がかりに、多様化を整理する。鎌倉新仏教の特徴は「専修《せんじゅ》（一つの行を選択して専ら修すること）」に求められるが、それは枝分かれした末端の行（one of them）の一つを選択したのではなく、全仏教の行を統合して一行（all in one）にしたので、その理論武装のための解釈は従来の仏典解釈にはない独創性があるし、それが仏教の多様性を加速させた。

終章では、以上の考察から仏教という宗教の本質的特徴（これが仏教多様化の真の要因とも言える）を剔出《てきしゅつ》し、それを鑑に現代の日本仏教の問題点を指摘して本書のまとめとする。なお、本書で取り上げる多様化の事例は、典型的なものだけをピックアップしているので、仏教全体の事例を網羅しているわけではない。だが、本書が提示する視点を活用すれば、ここで取り上げなかった仏教思想にも多様化の経緯が確認されよう。

仏教の多様化

本書は仏教の多様化を問題にするが、これについては佐々木［2000］の先行研究が存在する。本書との違いを明確にするため、まず佐々木の研究を紹介しよう（平岡［2001］）。

仏弟子のデーヴァダッタは悪玉として有名だ。経典を繙《ひもと》けば、随所で彼の悪業が説かれている。その中でもとくに問題なのが破僧（教団の分裂）を企てたことだった。これによりデーヴァダッタは無間地獄に堕ちることになったが、それほどまでに教団の和合は大事に考えられた。しかし時代が下ると、残念ながら教団は分裂してしまう。

仏滅後、教団内にはブッダの教説をめぐってさまざまな解釈が林立し、教団の和合に危機が訪れた。資料によれば、まず教団は保守的な上座部《じょうざ》と革新的な大衆部《だいしゅ》とに分裂し(根本分裂)、その後、両部派はさらなる分裂を繰り返したという(枝末《しまつ》分裂)。こうして、結果的にインドでは一八ないし二〇の部派に分裂した(後述)。分裂の原因や時期については、まだ未確定な要素が多い。

しかし佐々木によれば、アショーカ王の時代、すでに教団は大衆部、南方分別説部《なんぽうふんべつせつぶ》、法蔵部、化地部《けじ》、そして説一切有部《せついっさいうぶ》の少なくとも五派が併存していたとし、そのような状況を憂いた仏教徒のアショーカ王は教団の統一に力を貸したと推定する。ではアショーカ王はどのような働きかけをしたのか。結論を先に言えば、それは「破僧定義」の変更である。こうして破僧には、変更される前後で二つの異なった定義が存在する。チャクラヴェーダとカルマヴェーダだ。

チャクラヴェーダは「仏説に反する見解を主張して仲間を募り、独自のグループを形成すること」で、これに従えば意見の異なるグループが共住することは不可能になる。一方、カルマヴェーダは「一つの僧団内で別個に布薩《ふさつ》などの僧団行事(羯磨《かつま》)を行うこと」を意味し、この場合、教義の違いは問題にならない。つまり教義が違っていても、僧団行事を一緒に行っているかぎり破僧ではなく、したがって教義の異なる者同士が共住することを可能にする。そして、部派によってこの破僧の取り上げ方が違うという。たとえば、説一切有部は一貫してチャクラヴェーダを、大衆部は一貫してカルマヴェーダを採用しており、化地部・法蔵部と南方分別説部とは、最初チャクラヴェーダを採用していたが、何らかの事情で破僧定義がカルマヴェーダに変更されたとする。

時代的に先行するチャクラヴェーダが唯一の破僧定義であった時点で、教義を異にする者同士は、互いに共住しないばかりか、相手の存在を否定していたであろう。そして敵対するグループが和解するためには和合布薩を行わなければならなかった。これにより分裂状態は解消されるが、和合するための布薩そのものは教義の一本化までも規定しないので、和合布薩で和合しても各グループの異なる主張はそのまま保持されていることになり、ふたたび破僧の状況に立ち戻ってしまう。

和合布薩で和合した各部派が各自の教義を保持しながらも破僧状態に陥ることを避けるには「教義の違う者が共住しても破僧にはならないこと」を認める、新たな破僧の定義が必要になる。つまり敵対する者同士は和合布薩を通して和合するから、それと対応して「布薩儀式を一緒に行わないことを破僧である」と定義すればよい。破僧定義をチャクラヴェーダからカルマヴェーダに変更することで、和合布薩後も教義の異なる者同士が共住し、かつ僧伽和合の状態を保持できるようになったと佐々木は推定する。

この動向にもっとも積極的だったのは大衆部であり、和合の動きを支援したアショーカ王側に立った。後に南方分別説部、法蔵部、化地部もこれに従ったが、説一切有部だけはアショーカ王に敵対する立場を取った。しかし、当初は孤立していた説一切有部も後にはカルマヴェーダを採用し、和合僧団の仲間に入ったようだ。こうして、アショーカ王は教団を和合させることには成功したが、それと引き換えに異説の併存を認める結果となった。

この佐々木の論攷《ろんこう》は〝教団史的側面〟から仏教の多様化を考察した研究であるが、そのタイトル「インド仏教変移論：なぜ仏教は多様化したのか」が示すように、これはインド仏教に限定した考察、しかも多様化〝した〟過去の原因に焦点を当てた論攷である。一方、本書はインド仏教のみならず、中国仏教や日本仏教も視野に入れ、〝思想的側面〟から仏教が多様化〝する〟要因を明らかにする。この作業を通して、国や時代は異なっても、仏教は多様化するようにプログラムされており、多様化こそが仏教の普遍的性格であることが明らかになるだろう。

二．仏教の歴史

インド仏教史

①初期仏教から大乗仏教へ

まずは、仏教を地理的な視点からまとめてみよう。仏教の開祖ブッダがどこで生まれたかについては、インド説とネパール説の二つがある。学問的な関心もさることながら、観光産業事情あるいは政治的な意図もあり、この問題は複雑な様相を呈しているが、ブッダが主に活躍したのが現在のインドの地であることは間違いない。

ブッダ在世当時、仏教はそれほど大きな宗教ではなかったが、仏滅後、弟子たちの熱心な布教活動もあって、徐々にインド全域へと拡大していく。とくにアショーカ王が仏教を厚く保護したことは、教線拡大の大きな要因となった。そして仏教は誕生の地インドを越えてアジアの各地に広がっていくが、まずはアショーカ王の息子マヒンダが父王の命を受けてスリランカに赴き、仏教を伝えた。国王の帰依を受けたマヒンダは首都アヌラーダプラにマハーヴィハーラ（大寺）を建立したと伝えられる。これを端緒として、仏教はミャンマーやタイにも伝播していくが、これを南伝仏教という。

一方、仏教は西北インドにも広がりを見せ、紀元前後には西北インドから中央アジアを経て、土着の宗教と混淆《こんこう》しながら中国やチベットにも伝えられ、最終的には朝鮮半島を経て日本に仏教がもたらされた。この系統を北伝仏教という。こうして仏教はアジア全域を席巻する宗教となり、各地の精神文化に大きな影響を与えていったが、明治以降はアジアという狭い枠を超え、世界に信者を獲得する宗教となったので、今日ではキリスト教やイスラム教と並んで世界の三大宗教に数えられている。このように仏教は、地理的にはアジアから始まって世界に伝播する宗教となったが、ではその内実はどうか。つぎに仏教の中身をまとめてみよう。

ブッダが覚りを開いた後、彼に従って修行をしたいと考えた五人の修行者が仏弟子となったことで、最初の教団が成立した。以後、教団の参加者は徐々に増え、ブッダ在世当時の教団メンバーは最終的に一二五〇人であったと仏典は伝える。その当否はともかく、ブッダが生きている段階で教団はある程度の組織になっていたと推察できる。

そして仏滅後、教祖を失った教団は、しばらくの間、和合を保っていたが、一〇〇年（資料によっては二〇〇年）が経過すると、戒律の解釈をめぐって教団が分裂してしまった。その経緯についてはまだ議論の余地があるが、ともかく教団は保守的な上座部と革新的な大衆部という二つの部派（グループ）に分裂し、それ以降、それぞれの部派は分裂に分裂を重ね、最終的に一八ないし二〇に分裂した。

ここに仏教が多様化する濫觴《らんしょう》を確認できるが、このような当時の仏教を部派仏教と呼ぶことがある。部派分裂した理由はさまざまだが、教義に関する解釈の違いもその大きな要因である。ブッダの説法の基本は対機《たいき》説法であり、相手の能力に合わせて法を説くので、極端な場合、正反対の教えが経典に併存することもある。

残された仏弟子は、このような相矛盾する教義の解釈を巡って意見が対立することも多々あった。この時代の仏教の特色は「ブッダの教え（dharma）」に「対して（abhi-）」解釈を施す点に認められるので、アビダルマ（abhidharma）とも言い、これを音写して「阿毘達磨」ともいう。こうしてブッダ在世当時の仏教から教団が分裂するまでの仏教を「初期仏教（かつては「原始仏教」と呼ぶ場合もあった）」、そして教団が分裂した後の仏教を「部派仏教／アビダルマ仏教」と呼ぶ。

そして紀元前後になると、インドにまた新たな仏教が誕生した。大乗仏教である。それまでの仏教の特色は阿羅漢《あらかん》になることを目標にし、仏は「ブッダ」しか認めない点にあった。阿羅漢とはArhatの音写で、「〈供養に〉値する人」を意味し（意訳すれば「応供《おうぐ》」となる）、本来は「仏」と同義語だった。しかし、教団の組織化にともない、「仏」はブッダのみの呼称となり、仏弟子の最高位を「阿羅漢（応供）」としたが、大乗仏教は「出家・在家の別を問わず、誰でも仏になれる」を理想にした。

また「仏」もブッダ一仏に限定せず、複数の仏の存在を認めたため、「阿弥陀仏」などの現在他方仏も大乗経典に数多く登場するようになる。他にも大乗仏教特有の教えはたくさんあるが、ともかく大乗教徒はそれまでの仏教にはない新機軸を打ち出し、自らを大乗（〈出家者も在家者も覚りの岸に至れる〉大きな乗物）と称し、旧来の仏教を小乗（〈出家者しか覚りの岸に至れない〉小さな乗物）と蔑称した。こうして部派仏教は「小乗仏教」とも呼ばれることになる。

また大乗仏教後期には、インド仏教の多様化を象徴する密教が誕生した。密教はバラモン教から展開したヒンドゥー教と習合し、従来にはない独自の教義を産出した。

②時代区分

さてここまで、初期仏教（原始仏教）・部派仏教（アビダルマ仏教・小乗仏教）・大乗仏教という伝統的な時代区分の名称を使ってきたが、よくみると、これらの呼称の視点はそれぞれ異なっていることがわかる。

初期仏教とは「初期」という時間を意識した呼称、部派仏教はその時代の仏教が、それまでの単一だった教団から複数の教団に分裂し、二〇の部派（グループ）に分裂していた状況に焦点をあてた呼称、そして大乗仏教は、それまでの仏教を小乗仏教、すなわち小さな乗物と蔑称し、自分たちの信奉するのは大きな乗物であると称揚した名称、つまり大乗仏教側の価値観を含んだ呼称であるからだ。

このような時代区分に異を唱えたのが三枝［1990］である。仏教を、西洋哲学・キリスト教・イスラム教・中国思想とともに、一個の普遍思想としてとらえようとした三枝は、

大乗仏教（経典創作活動 → 独自の教団形成）

↑ — ↑ — ↑ — ↑

伝統仏教（初期仏教 → 部派仏教 ……………………………→）

BCE 5C　BCE 3C　CE 1C　CE5C 前後

仏教にも概括的な時代区分が必要だとし、西洋哲学史の古代・中世・近世と符合させて、インド仏教史を初期・中期・後期の三期に分ける提案をした。彼は、初期仏教をブッダの時代から教団が分裂するまでの時期、中期仏教を教団が分裂して部派仏教が生まれてから（おおむねアショーカ王の即位頃と一致）初期大乗経典などが創作された四世紀初頭の時期、そして後期仏教をグプタ王朝が成立した紀元三二〇年から一二〇三年のヴィクラマシーラ寺院破壊（＝インド仏教の消滅）までの時期と区分する。

　思想的には初期仏教と部派仏教の親和性は高いが、それらと大乗仏教とは相違点が大きいので、本書においては初期仏教と部派仏教の二つをまとめて伝統仏教とし、それを大乗仏教と対比させてインド仏教の大枠を整理する。これを図式化すると、上記のとおり（平岡［2015］）。

中国仏教史

①インド仏教の受容

インドで誕生した仏教はアジアの各地に広がったが、北伝仏教は中央アジアを経て中国に伝わった。紀元前後のことだ。それは『後漢書』の記述、すなわち敬虔な仏教徒だった劉英《りゅうえい》（後漢第二代皇帝の明帝の異母弟）が六五年、仏塔を建て、出家者に飲食の布施をしたという記述に基づく。それ以降、仏典とともにインドや中央アジアから出家者も中国に入り、その仏典を漢訳していった。

　南伝仏教の系統に属するスリランカなどとは違い、中国文化はインド文化と比べ多くの点で異質だったが、言語体系の相違は仏教がインドに根づくにあたり、大きな障壁となった。インドや西域からやってきた出家者は数年をかけて外国語である中国語を修得し、精力的に翻訳活動に従事した結果、漢訳仏典の総数は一五〇年以降八〇〇年までに一二五八部五三五一巻にも及んだ。また歴代の翻訳者もインド文化圏中央アジアの出身者、それに自国の中国人を含めると、二〇〇人以上いたようだ。

　インド仏教の受容には、多くの困難があった。当初は新たな仏教思想を中国土着の老荘思想の概念で解釈しようとした。これを「格義《かくぎ》仏教」という。その端的な例として、般若経の「空」を老荘の「無」と同一視して説明解釈する態度をあげておく。

　仏典の翻訳に際し最大の難関は、中国にはない概念をどう中国語に翻訳するかであった。たとえばBuddhaをどう訳すか。これは仏教の最重要概念だが、中国にはそのような概念自体がない。そこで編み出されたのが音写語であり、Buddhaは「仏（陀）」と漢訳された。

これにより、中国人にもインド語 Buddha が発音可能になった。意訳すれば「覚者《かくしゃ》」となる。音写語を多用すれば、異宗教の醍醐味を伝えられるが、意味不明の内容となる。一方、すべて意訳すれば、意味は通じるが、異宗教としての新鮮味は損なわれる。漢訳者たちは両者をうまく組み合わせ、仏典を漢訳することが求められた。

仏教が中国に根づくためのつぎなる課題は、中国土着の思想や宗教（儒教や道教）といかに折り合いをつけるかであった。仏教の究極の目的を達成するには、両親を含む親族を捨てて出家しなければならなかったが、中国の儒教は「孝」を重んじ、両親を大切にしなければならなかったので、両者の価値観は大いに異なる。中国の仏教徒は仏教の最低限のラインは死守しながらも、譲歩すべきところは譲歩し、柔軟に対応しながら中国の思想や宗教と正面衝突を避け、仏教の中国化を巧みに図っていった。

インドの出家者はある特定の部派の教えに従って出家したので、将来した仏典もその部派の教理が反映されているし、論書はその部派の独自性を強く打ち出している。それを漢訳して横に並べると、経典の記述の中には矛盾する教説もあったので、中国人は当惑した。しかし、インド仏教と同様に「どちらも聖典であるから間違ってはいない」という前提に立ち、両者の矛盾を解消しようとした。これを「会通《えつう》」という。会通とは経典間の矛盾に特別な意味づけをし、両者を合理的に解釈することをいう。ここにも中国仏教独自の仏教の多様化が確認できよう。

しかし、大量の仏典は歴史的な成立の順番を無視して中国にもたらされ、次々に翻訳されたので、この会通もついには限界を迎える。もう解釈者の独自の基準を用いなければ、収拾がつかなくなってしまった。こうして誕生したのが教相判釈《きょうそうはんじゃく》（教判）だ。これは膨大な漢訳経典を解釈者の価値判断に基づいて体系化したものなので、単なる経典の体系化ではなく、経典の優劣をつける作業でもあった。

六世紀後半になると、この教判に基づいて自らが選び取った経典の優位を論理的に説明する動きが起こり、その結果、その教判に賛同する者たちがグループを形成し、これが学派仏教（学問仏教）の母胎となる。さらに七世紀になると、生活規範や運営組織を整える学派も出現し、これが宗派仏教として展開した（浄土宗出版［2018］）。

②中国仏教独自の展開

中国仏教がインド仏教と異なるのは、国家との関係だ。インド仏教とは違い、中国仏教は国家の管理下に置かれ、時の政権から保護や迫害を受けた。南北朝を統一した隋は仏教に寛容な態度を取り、仏教は大いに興隆した。隋につづく唐も仏教を手厚く保護したので、中国の仏教史上、隋から唐にかけての時代に仏教はもっとも繁栄した。

隋の時代、仏教の研究はいっそう盛んになり、公式な五つの学派（五衆）が設置された。

大論衆（『大智度論《だいちどろん》』の研究）・講論衆（大乗と小乗の論書の研究）・講律衆（戒律の研究）・涅槃衆（『涅槃経』の研究）・十地《じゅうじ》衆（『十地経論』の研究）の五つである。これらの学派はすべて国家に保護され、自由な活動が認められていた。

南北朝から隋にかけて盛んになった学派仏教は、唐代になると教団組織を備えた宗派仏教へと発展した。ただし、この場合の「宗」は特定の教えを信仰し修行する集団という意味であり、一寺一宗に限定するような閉鎖的な集団ではなかった。よって、大寺院にはさまざまな宗派の出家者が共同生活をしていた。その時代の宗派には、天台宗・三論宗・法相《ほっそう》宗・四分律《しぶんりつ》宗・華厳宗・禅宗に加え、密教や浄土教などを奉ずる集団がある。以下、それらを簡単に説明しよう（浄土宗出版［2018］）。

天台宗：智顗《ちぎ》を開祖とする宗であり、『法華経』を重視し、天台三大部といわれる『法華文句《ほっけもんぐ》』『法華玄義《ほっけげんぎ》』『摩訶止観《まかしかん》』などを著した。この天台宗の教えは最澄によって日本にも伝えられた。

三論宗：吉蔵《きちぞう》を開祖とする宗であり、空思想を説く『中論』『十二門論』『百論』を重視し、自ら『三論玄義』を著した。唐代に玄奘《げんじょう》がインドから帰国し、唯識・法相を伝えると、三論宗の勢いは弱まった。

法相宗：玄奘がインド留学を終えて多くのインド仏典を持ち帰ると、直ちにその翻訳作業に取りかかった。その中でも唯識関連の仏典の翻訳に基づき、弟子の基《き》が法相宗を開いた。唯識宗とも呼ばれ、日本には奈良の薬師寺や興福寺、そして京都の清水寺にその教えは伝えられた。

四分律宗：インドで分裂した部派には、部派独自の律典があったが、その中でも上座部系の法蔵部が伝持したのが『四分律』であり、その内容がよく整理されているため、中国では六世紀からこの律典が注目され、研究されるようになった。唐代には道宣《どうせん》がこれを本格的に研究し、四分律宗を開く。この宗で学んだ鑑真は日本に律を伝え、唐招提寺を創建している。

華厳宗：『華厳経』の教えに基づいて開かれた宗であり、杜順《とじゅん》を開祖とする。第二祖は智儼《ちごん》、第三祖は法蔵であるが、法蔵が華厳宗を大成させた。華厳宗の教えは日本では東大寺に伝えられている。

禅宗：五世紀後半に南インドから来た菩提達磨《ぼだいだるま》が少林寺に入り、修行したことが中国の禅宗の起源とみなされる。第二祖は慧可《えか》、第三祖は僧璨《そうさん》、第四祖は道信、そして第五祖は弘忍《こうにん》へと継承された。弘忍の門下に慧能《えのう》と神秀《じんしゅう》が輩出するが、慧能とその弟子の神会《じんね》の活躍により、唐代から宋代にかけて禅宗は大いに繁栄した。

密教：インドで密教を学んだ善無畏《ぜんむい》は七一六年に長安に至り、弟子の一行《いちぎょう》とともに『大日経』を漢訳した。また、南インド出身の金剛智《こんごうち》の弟子である不空《ふくう》は『金剛《こんごう》頂経《ちょうきょう》』を翻訳した。ここに密教の主要経典が二つ出揃った。なお、不空の弟子の恵果《えか》は、遣唐使で入唐した空海の師匠として有名である。

浄土教：浄土三部経（『無量寿経』『阿弥陀経』『観無量寿経』）がすべて漢訳された六世紀頃から、浄土信仰は盛んになっていった。曇鸞《どんらん》は自力の教え（難行道《なんぎょうどう》）に対して他力の教え（易行道《いぎょうどう》）を、つづく道綽《どうしゃく》は聖道門《しょうどうもん》の教えに対して浄土門の教えを唱導した。そして唐代の善導《ぜんどう》は道綽の教えをさらに推進し、中国浄土教を大成させた。

日本仏教史

①鎌倉期までの仏教

六世紀後半、中国の仏教は朝鮮半島を経由して日本にもたらされた。その背景には蘇我氏と物部氏の崇仏廃仏論争があったが、崇仏派の蘇我馬子が勝利したことで、仏教は日本に根づくきっかけを得た。大化改新での蘇我氏の失脚後、即位した孝徳天皇や天智天皇は国立寺院を建立し、国家として仏教儀礼を挙行。持統天皇は、新たな政治制度を支える宗教として神祇祭祀《じんぎさいし》と仏教を選択したため、国家と仏教の結びつきはますます強化された。

こうして中国仏教同様、日本仏教も国家の管理の下に展開する。

奈良時代になると、国家は『僧尼令《そうにりょう》』によって僧尼を再生産する得度と受戒の制度を整備し、中央に大寺、地方に国分寺という全国的寺院網も創設した。こうして、国家が仏教を管理・統括し、護国という国家目的に奉仕させる体制が確立した。また当時の仏教の正統性を検証するための教学を保全するため、国家主導で南都六宗が組織された。

平安時代には、唐で学んだ最澄と空海が勅許を得て、それぞれ天台宗と真言宗をあらたに開宗した。こうして南都六宗に天台宗と真言宗とを加えた八宗が体制側の仏教として確立され、鎮護国家（仏教によって国を守護すること）の役割が仏教に期待された。

仏教は多様な展開を遂げたため、とくに中国仏教以降はブッダの教えをさまざまな観点から分類してきたが、その一つに「顕教《けんぎょう》（言葉で明らかに説示された教え）／密教（言葉では明らかに説示されない秘密の教え）」という分類法がある。

これに従えば、真言宗は密教、それ以外は顕教になるが、最澄は天台宗に密教も取り入れ、とくに最澄の後継者である円仁《えんにん》や円珍《えんちん》らは入唐して中国の密教を天台宗に伝えたので、日本の天台宗で伝える密教を台密《たいみつ》（一方、空海の伝える密教は「東密《とうみつ》」）と呼ばれた。このような中世の仏教を総称して「顕密仏教《けんみつぶっきょう》」という。

古代の律令体制は一〇世紀頃には崩壊しており、緊縮財政のもと、国家は小さな国家となって、仏教を厳しく管理する政策から大幅な自由を与える政策に転換した。これにより、顕密仏教は自由とともに大きな責任をも抱え込み、財政的基盤も失ったことで、経済的に自立する必要があった。このような状況下、顕密仏教が生き残りをかけてとった方策を二つ紹介する。

一つは、国家権力との関係を維持するために考案した「王法仏法相依論《おうほうぶっぽうそういろん》」。「王法（政治）と仏法（宗教）は車の両輪のごとく、相互に補完し合う関係にある」として国家にすり寄り、皇親や貴族の子弟を積極的に受け入れた。これにより、出世間《しゅっせけん》であるはずの僧侶の世界は世間以上に俗世間となり、出世でも彼らが優遇されることになる。

もう一つは、経済的基盤を安定させるための荘園経営だ。律令制度は公地公民を原則とし、土地制度の根幹として班田収授法《はんでんしゅうじゅほう》が始まったが、人口の増加などで口分田が不足し、墾田開発を奨励するために三世《さんぜ》一身法《いっしんのほう》が施行された。これは土地公有の原則を破るものだったが、期待された効果はなく、国家はついに墾田永年私財法《こんでんえいねんしざいほう》を発令した。これにより土地公有の原則は完全に崩壊し、有力な寺院は競って土地開発に乗り出し、荘園が誕生することになった（末木［2010b］）。

②鎌倉仏教

中世の仏教は顕密仏教と呼ばれ、これが日本中世の正統仏教となる。この正統仏教に対し、法然を嚆矢《こうし》とする新たな旗手（栄西・親鸞・道元・日蓮など）が異端の仏教として登場し、新たな価値を創造することで正統仏教に揺さぶりをかけた。よって彼らの仏教を「鎌倉〝新〟仏教」と呼ぶことがある。

末木［1998］によれば、鎌倉新仏教中心史観の欠点の一つは、傾向の異なる宗祖が一括して「新仏教」と称され、彼らがまとめて論じられなければならない内的な必然性が示されていない点にあるという。彼らの仏教の特徴として、専修・易行・在家性などが従来より指摘されているが、専修や易行は鎌倉新仏教の祖師の専売特許ではないという指摘もある。しかし、私はあえてこの「専修」に鎌倉新仏教の宗祖たちの特徴を見出したい。ただし、従来とは違った視点から「専修」の持つ意味を再定義する。

一般に「専修」といえば、「一行のみを選択し、専らそれを修すること」を意味する。法然の念仏、親鸞の信心、道元の坐禅、そして日蓮の唱題など、一行のみを選び余行を捨てるという取捨選択が「専修」と考えられているし、それはそれで間違いではない。ただ私が問いたいのは、「専修」に込めた祖師たちの〝思い〟である。

祖師たちの共通点の一つは、彼らがみな比叡山で仏教を学んだことだ。比叡山は四宗

（円・密・禅・戒）兼学の道場であり、これを、高野山の（密教）単科大学に対して、（仏教）総合大学とも呼ぶ。つまり彼らは、一行の選択に至る過程において、あらゆる仏教を総合的に学んだことが重要なのだ。彼らの著書には、夥《おびただ》しい数の仏典が引用されている。大乗経典はもちろん、インドや中国の論書も多数引用されているが、この宗祖たちの総合的な視点にも注目すべきであろう。

これをふまえ、結論を先取りすれば、彼ら宗祖たちは総合的な視点に立ち、「結局、ブッダが説いた仏教とは何だったのか／そのエッセンスを〝一行〟に集約するなら、それは何か」という問題意識から出発して、それぞれの立場から答えを出したのが鎌倉新仏教の宗祖たちの専修思想であったということだ。長い歴史の中で多様化した仏教を統合し、一行に収斂《しゅうれん》させたのが専修思想であるから「〝一行（専修）〟が〝全仏教〟を含み込む」、ここが鎌倉新仏教のポイントなのである。仏教は長い歴史の中で多様化し細分化したが、鎌倉新仏教の祖師たちはその「多様化し細分化した末端の一つの行（one of them）」を「専修」として選択したのではなく、逆に「多様化し細分化した仏教のすべてを一つに集約した行（all in one）」として確立したのである。

仏教には八万四千という法門（覚りに至る入り口）があると言われる。人間の能力は千差万別だからだ。その意味で顕密の八宗にはそれぞれに存在意義があるが、専修はその行を一つに絞り、その行こそを唯一絶対とみなすので、八宗の存在価値は無化される。よって、旧来の仏教は専修を嫌い異端視するが、宗祖たちにとっては、自ら選び取った行は〝特殊な行〟ではなく、全仏教を統合する〝普遍的な行〟であるという自負があったと私は考えている。

本書で専修として取り上げる行は、禅・念仏・信心・唱題の四つだ。このうち、禅はブッダに成道《じょうどう》をもたらした伝統的な行だから、禅で全仏教を統合するのはそれほど難しくない。一方、念仏・唱題の起源はブッダの時代にまでは遡らないし、信心は行とは見なしがたい側面を持つので、その理論武装は大がかりとなり、手が込んでいる。しかしその分、法然・親鸞・道元・日蓮の仏教解釈はダイナミックで面白い。彼らがいかにして全仏教を専修一行に収め取るという理論を構築したのか。その経緯を第六章で解説し、日本仏教の多様化を紹介する。

第一章　言葉の性質

仏教が多様化したことは歴史的事実である。時代性や地域性に影響されながら、仏教は多様な展開を遂げた。その原因を探るのが本書の目的だが、まずは多様化の要因として言葉の問題を取り上げたい。真理は表現を超えているが（形而上）、その形而上の真理を形あるもの（形而下）として表現するもっとも一般的な媒体は、言葉であるからだ。まずは言葉の特徴を整理することから始めよう。

一．仏教の言語観

説法の躊躇《ちゅうちょ》

仏教は、今からおよそ二五〇〇年前、インドで活躍したブッダを開祖とする宗教である。よって仏教を理解するには、開祖ブッダの生き方を理解することが重要になる。仏滅後しばらくすると、ブッダの生涯を体系的にまとめた文献が編纂された。この文献は仏伝

（ブッダ（仏陀）の伝記）と呼ばれる。さまざまな言語でさまざまな仏伝文献が編纂されたが、仏伝作者の意図は、教祖ブッダの生涯の歴史性を忠実に後代へと残すことではなく、教祖ブッダの偉大さを伝承することにあった。よって、そのためには歴史的事実を無視した記述も当然ながら含まれる。

くわえて、仏伝文献はある意味で仏教〝文学〟作品でもあるから、さまざまな修辞も施されている。ここでは仏伝の中で言葉が問題になる場面を取り上げ、その意味を考えてみよう。その場面とは、成道から初転法輪《しょてんぽうりん》（最初の説法）に至る過程で見られる説法の躊躇である。

ブッダは二九歳で出家し、六年間の修行の末、三五歳で真理に目覚め、文字どおり「ブッダ（目覚めた人）」となった。目的を達成したブッダは法悦に浸っていたが、そこにバラモン教の最高神ブラフマン（梵天）が現れ、ブッダに説法を三度懇願したために、ブッダは説法を決意したという。ではなぜブラフマンはブッダに三度も説法を懇願したのかというと、法悦に浸っていたブッダは説法することを躊躇していたからである。その場面を紹介しよう。ブッダはつぎのように考えた。

苦労して私が覚ったことを、今、説く必要があろうか。貪《とん》と瞋《しん》に負けた人々が、この法を覚るのは容易ではない。これは世の流れに逆らい、微妙であり、深遠で、見難く、微細であるから、貪に染まり、暗闇に覆われた人々は見ることができない（Vin. i 5.8–11）。

それを知ったバラモン教の最高神である梵天は、このままではこの世が滅びると考え、ブッダの前に現れると、こう言った。

大徳よ、尊師は法をお説き下さい。善逝《ぜんぜい》は法をお説き下さい。〔この世には〕生まれつき汚れの少ない衆生《しゅじょう》がいます。彼らは法を聞かなければ衰退しますが、〔聞けば〕法を覚る者となるでしょう（Vin. i 5.24–26）。

このブッダと梵天とのやりとりも仏伝作者の戦略的な意図（仏教とバラモン教というインドの宗教の新旧交代）があり、実際に成道後のブッダの心中を正確に描写しているかどうかは不明だが、ともかくこのやりとりをみると、説法を躊躇した理由は、①自分の覚った法（真理）自体が難解であること、そして②その法を聞く者たちの能力が低いこと、この二点であることがわかる。「しかし、理由はそれだけだろうか」と長尾［2001］は問題を提起する。以下、長尾の所論に耳を傾けてみよう。

言葉の限界

仏伝自体は、この二つ以上に説法躊躇の理由に言及しない。だが、長尾はその二つの理由の根底に、ブッダの「言葉の限界の自覚」あるいは「言葉に対する不信感」を読み取る。中観と唯識とを専門とする長尾ならではの視点だ。そもそも言葉とは真理を伝える媒体たりえるのか、という問題である。この点は次節の「龍樹《りゅうじゅ》の二諦説《にたいせつ》」で詳説するが、ともかく長尾は言葉自体の持つ限界に注目する。さきほどあげた説法躊躇の二つの理由を言葉の問題からみれば、①法（真理）はあまりにも高く、言葉という器には盛りきれないということ、②人々は無造作にこの言葉に信頼を置くゆえに、真に自分が語ろうとしたことを理解することができない、と言い換えられる。

覚りの境地や究極の真理は「不可説／不可思議」と表現される。「不可説（説くことができない）」とは、それらは言葉を超越しているので、言葉で語ったり文字で表現したりできないことを意味し、言葉自体の限界を示している。「不可思議（思議することができない）」とは、言葉を駆使して概念的に思いはかったり考えをめぐらしたりできないことを意味する。覚りの境地や究極の真理が「不可説／不可思議」というのは、単にそれらを神格化して我々の手の届かぬところに隠匿するのではなく、言葉自体の限界を示している。

　では、言葉にはどのような限界があるのか。まずその前提になるのは、言葉自体と、その言葉によって言い表されるものは違う、あるいはイコールではないという点だ。たとえば「火」という言葉（あるいは文字）はどうだろう。もしも「火」という言葉（文字）と、それによって言い表される「赤くて熱く燃え上がるもの」がイコールなら、「火」と口にした瞬間、口は火傷し、「火」と黒板に書いた瞬間、黒板は燃えるはずだ。しかし、この二つは別物なので、口は火傷しないし、黒板も燃えることはない。

　このように、言葉とそれによって言い表されるものはイコールではないので、砂糖を口にしたことがない人に言葉で「砂糖の甘さ」を理解させることはできない。砂糖の甘さを理解させるためには、言葉で説明するより、砂糖を持ってきてその人になめさせるのが一番だ。要するに、言葉はモノに貼られたシールのようなものだから、シールをいくら重ねても、そのモノの理解には達しえない。同様に、覚りの境地も究極の真理も、いくら言葉を重ねて説明しても、そこにはシールの山が体積を増すだけで、覚りの境地や究極の真理の理解にはつながらないのである。

　にもかかわらず、それを受け取る人間は言葉を実体視し、言葉に執着する。仏教は縁起を説く。つまりすべては何かを縁として生起するので、それ自身、他者の助けを借りず存在しているものはないと説く。たとえば裏と表。裏を縁として表が生起し、表を縁として裏が生起する。しかし、言葉として「裏／表」と表現されると、本来は二つで一つの事象が、それ単独で存在すると錯覚してしまう。「生／死」も縁起で結びつき、二つで一つの事象なのに、我々は「死」を否定し、「生」のみに執着してしまう。ここに概念化の怖さがある。

また概念化は虚構を容易に作り出す。たとえば麒麟の首は長く、象の鼻は長いので、前者は「首の長い麒麟」、後者は「鼻の長い象」と表現できる。しかし、このように概念化されると、概念同士の〝切り貼り〟が可能になり、首と鼻とを入れ替えて、「鼻の長い麒麟／首の長い象」という、ありもしない生物を簡単に誕生させてしまう（少しだけ鼻の長い麒麟や、わずかに首の長い象はいるかもしれないが）。

このように、言葉がコミュニケーションの便利なツールではあるのは確かだが、言葉には限界があること、また人間はそれに執着してしまうことを充分認識していないと、大きな過ちを犯してしまう。ともかく、仏教はブッダによる説法の躊躇を説くことで、言葉の問題に意識的であった。龍樹の二諦説（後述）をみれば、それは明らかだ。

ブッダの大慈悲心

ではなぜ、ブッダは言葉の限界を認識しながらも、言葉を用いた説法に踏み切ったのか。長尾はその理由をブッダの大慈悲心に求める。確かに言葉には限界があり、それを受け取る人間には言葉に対する執着がある。しかし、そうかといって、口を噤《つぐ》んでしまえば、状況は何一つ変わらない。だから、言葉の限界を重々承知しながらも、言葉に執着してはならないことをあわせて説くことで、衆生を覚りへと導こうとした。長尾［2001: 117］はブッダの説法をこう表現する。

ブッダの説法は素晴らしいことだが、同時にこれは非常に困難な仕事だ。なぜなら、言葉という枠の中に、本来言葉を超えている覚りの内容をはめ込もうとするものだからである。本来不可説であるはずのものを可説にしようとする努力であるから、それは非常に困難な仕事であり、その困難さは、ある意味で六年の苦行に匹敵する。そのように困難な説法伝道の旅が、その後四五年間、続けられるのである（取意）。

仏教は最終的に何かを肯定するとしても、無批判に肯定するのではなく、いったんは否定の篩《ふるい》にかける。ここに仏教の批判精神を読み取ることができよう。たとえば、大乗仏教における空思想はその端的な例だ。『般若心経』に「色即是空・空即是色」という有名なフレーズがある。前半の「色即是空」は「色（物質）はそのまま空（実体がない）である」ことを説くので、物質の実体（あるいは「物質を実体視すること」）を否定している。しかしその直後、後半の「空即是色」が説かれる。これは「空であるからこそ色である」と述べ、空に基づく物質のあり方を絶対的に肯定していく。

大乗仏教で説かれる「真空妙有《しんくうみょうう》」も同じだ。これは、物事を真に空と認識するとき、それは妙なる有（存在）として現成することを意味する。我々が執着を離れ、真実（すなわち「空」）に即して物事を認識するとき、その一切は真実の姿を現す。長尾は「否定を通じて、否定の真ん中から出て来るような肯定が、実は本当の肯定であって、否定を経ない直接の肯定は、それも肯定ではあるが低次元の肯定、迷いを中に含むような肯定である（取意）」と指摘する。

ともかく、仏伝によれば、いったんは説法に否定的な態度を示したブッダであったが、最終的には大慈悲心に基づき、説法を決意した。ここにブッダの決意の〝重み〟を感じないわけにはいかない。最初から無批判に説法していたら、ブッダの説法は非常に軽薄なものになっていたが、いったん否定の篩にかけられた後の説法であるからこそ、初転法輪の意味は重いのである。

「不可説」の伝統：維摩《ゆいま》の一黙

ブッダは大慈悲心ゆえに最終的には説法を決意したが、大乗仏教になると、このブッダの説法躊躇の伝統はさらに発展継承されていく。そして、真理が不可説であること、また沈黙の方が雄弁に真理を表現するということをテーマにした大乗経典も創作された。その代表例が〈維摩経〉だ。この経は般若経と近い関係にあり、空思想を説く経典でもあるが、その中に「不二《ふに》」に関する教えが説かれている。〈維摩経〉の内容を紹介する前に、まずは「不二」について解説しておこう。

縁起の関係は、紙の表裏の関係のように、別々には分けられず、「不二」の関係にあることを意味する。つまり、互いに相矛盾するものが実は個別に独立して存在するのではなく、不二であると説く。「不二」とは言い得て妙な表現だが、これは「一」ではない。裏と表は別ではないが、しかし同一でもない。「不一不異《ふいつふい》」とも表現される。

仏教には矛盾するような表現が目につくが、真実のあり方は縁起あるいは不二なので、仕方ない。その典型例として、「煩悩即菩提（煩悩〔心の汚れ〕は即ち菩提〔覚り〕）」、「生《しょう》死即《じ》涅槃（生死〔輪廻の世界〕は即ち涅槃〔覚りの境地〕）」、「自利即利他《じりそくりた》（私の幸せは他者を利すること）」、そして「娑婆即寂光土《しゃばそくじゃっこうど》（娑婆世界〔苦に満ちた衆生が住む世界〕は即ち寂光土〔久遠《くおん》の仏が住む世界〕）」などがあげられるが、いずれも仏教の根本思想から導き出されたものである。

では〈維摩経〉に戻ろう。主人公の維摩居士は菩薩たちと「不二」についてやりとりする。維摩の「不二とは何か、説明してほしい」という問いかけに対し、三〇人ほどの菩薩が次々と言葉で説明を加えていった。そして最後に智慧で有名な文殊菩薩が「皆さんの説はすべてよろしいが、それもまた二である。いかなる言葉も説かず、無言・無説であり、説かないということも言わない、これが不二である」と答えた。そして文殊は逆に「ではあなたの説もお聞きしたい」と維摩に問い返すと、維摩は何も答えず、沈黙を守った。すると文殊は、これこそ真の不二であると維摩を讃えた。

言葉で表現するなら、文殊の説が真実に近いが、「言葉では表現できない」と〝言葉〟で表現しているので、自己撞着《じこどうちゃく》に陥っている。真に言葉で表現できないのなら、維摩のように黙するしかない。これを「維摩の一黙、雷の如し」という。沈黙がかえって雷のように轟音のごとく真実を語ることを表現している。

〈維摩経〉は、言葉の限界を維摩の一黙で表現した。このように仏教は「覚りの境地や究極の真理は言葉（表現）を超えているから、言葉で説かない」と沈黙を貫いたのではなく、ブッダによる説法の躊躇や維摩の一黙を〝言葉〟で表現しながらも、言葉の限界に気づかせ、言葉を離れた世界に衆生を導こうとしている点に、その特徴を見出すことができる。

言葉を尽くして言葉を超える手法

言葉を超えた真理に衆生を導く方法は、維摩のように沈黙をもって示すだけではない。般若経には「空亦復空（空も亦《ま》た復《ま》た空なり）」という表現が見られる。物事の究極的なあり方を言葉で表現すれば「空」であるが、しかしそれが言葉で表現され、主観の認識の対象（客観）となった時点で主客は分離され、概念化（言語化）された「空」は「執着の対象」になりうる。したがって般若経は「〈概念化・言語化された〉空も空である」と、空を認識の対象とすることを戒める。

般若経はここまでしか説かないが、しかし「空亦復空」も言葉で表現され、主観の認識の対象（客観）となった時点でふたたび主客は分離し、それも「執着の対象」になりうるので、「『空も空である』も空である」と否定しなければならない。さらに、「『空も空である』も空である」も、「『〝空も空である〟も空である』も空である」と際限なく、否定していかなければならない。括弧記号がなくなるので、この辺でやめておくが、これを百回あるいは千回繰り返せば、聞く方はさすがに言葉の限界に気づくだろう。このように、沈黙を守るのとはまったく逆に、言葉を尽くすことで言葉の限界に気づかせるという手法もある。

経典作者がそこまで意識していたかどうかは不明だが、〈阿弥陀経〉の記述も、その延長線上で理解することができるのではないか。同経の前半では、極楽浄土の情景が言葉を尽くして詳細に描写される。〈阿弥陀経〉の和訳は数多く出版されているので、ここでは省略するが、これも言葉を尽くして言葉を超えた世界を感得させる手法とも理解できる。極楽浄土は「修行に最適の世界」であり、単純に「覚りの世界」と同一視できないが、「覚りの世界」に極めて近い場所であることは確かだ。本来そのような場所を言葉で表現することは不可能だが、こうして微に入り細に入り、極楽浄土を言葉で描写することによって、経典の読み手（あるいは「聞き手」）はその〝言葉の彼方〟へと誘われる。

これについては、キリスト教でも同様の指摘があるので紹介しておこう（若松・山本[2018]）。山本芳久との対談の中で、若松英輔はキリスト教の愛について、ドイツの宗教哲学者ルドルフ・オットーの「ヌミノーゼ（聖なるものに直面したときに生じる体験）」に言及しながら、「神学とは（中略）本来、すべてを言葉で語ろうとすることではなくて、語ることによって言葉たり得ないものを現成させようとする高度な試み」と定義する。

またキリスト教の「神秘」について語る場面では、トマス・アクィナス（イタリアの神学・哲学者）の業績に触れながら、言葉を徹底的に饒舌に語るトマスが晩年、言葉を超えた神秘とも言わざるをえないものに、定的な仕方で直面したがために、言葉を語るのを止めてしまった（トマスの沈黙）ことについて、若松は次のように指摘する。

このことは、言葉を極めつくすことによって人は、言葉を越えることができるのではないか、という問いかけでもあります。言葉とは自身の内面をはっきりと評定するためのものである、というのが現代における通常の捉え方なのだとすれば、トマスが体現しているのは言葉とは、そもそもそれを越えていくためのなにものかなのだ、ということのようにも思えてきます。言葉で極めつくした先にまだ見ぬ何かがあるのだと考えるのが宗教の原点ではないでしょうか。（中略）逆に語るのをやめたときに私たちの中に深く認識されるもの、顕れる何ものかというのが「神秘」である、とも言えるでしょう。キリストは神の「受肉」であるとする「受肉の神秘」とはまさにそうですね（若松・山本［2018: 104］）。

このように、キリスト教でも、あるいは宗教自体が「言葉の先にあるもの」を重視するのである。ただし仏教では、その言葉そのものに詳細な考察を加え、言語の持つ性格と限界とを浮き彫りにした。次節でみるように、近代言語学で考察されるようになった問題が、インド仏教ではすでに二世紀後半において考察の対象となっていたのである。

二　理法と教法

龍樹の二諦説：世俗諦《せぞくたい》と勝義諦《しょうぎたい》

　このブッダの説法躊躇や維摩の一黙、あるいは言葉の問題を理論化したのが中観哲学の祖とされる龍樹（ナーガールジュナ）だ。その主著『中論』に説かれる二諦説を手がかりに、言葉の問題をさらに考えてみよう。

　スイスの近代言語学の父フェルディナン・ド・ソシュールは、シニフィアン（音の連鎖）とシニフィエ（音の連鎖が表す言葉の意味）の関係から、言語を記号の体系と規定したが、インドでは龍樹が紀元後二世紀前後、真理（諦）を「勝義諦（言葉では表現できない真理そのもの：所詮《しょせん》）」と「世俗諦（言葉で表現された真理：能詮《のうせん》）」との二つに分け（二諦説）、一切の言語表現を「戯論」として斥けた。つまり、仏教は「言葉（能詮）」と「言葉によって意味される対象（所詮）」とは同一ではないと考え、仏教の言語観を明確にした。

　真理自体（所詮）は、言葉をはじめ、あらゆる〝表現〟を超えているが、それを表現する言語（能詮）は多種多様にある。「此岸《しがん》（迷いの世界）から筏（ブッダの教え）に乗って彼岸（覚りの岸）に渡ってしまえば、陸路を進むのに筏は必要ないから捨てよ」という初期経典中の「筏の喩え」は有名だが、これは仏教の言語観を如実に表しており、その理屈を龍樹は二諦説で見事に理論化した。しかし、「言葉＝真理」ではないとしても、「単なる言葉（世俗）」と「真理を表現した言葉（世俗諦）」は区別して考えなければならない。世俗ではあっても、真理を表現しているからこそ「世俗〝諦〟」でありうるのであり、真理を表現していない言葉は、単なる「世俗」でしかない。

中国禅家の「指月の喩え」はこれを巧みに表現している。月（真理）の在処を指（言葉）で指し示す場合、月と指は同一ではないが、しかし月を指し示す指がなければ月の在処がわからない。つまり、この指は「正しく月を指し示している」から意味があるのであり、月を指し示さない指には何の価値もない。同様に、言葉も真理そのものではないが、「真理を巧みに表現している言葉」には、そうでない言葉と違って価値がある。

仏教における説法の特徴「対機説法《たいきせっぽう》」も、この線にそって理解されるべきであろう。対機説法とは「相手の機（能力）に応じて法を説くこと」を意味するが、相手の能力を見極め、その相手にもっとも相応しい表現で法を説くから、結果として言語表現が相手によって異なるのは当然だ。この対機説法は「応病与薬《おうびょうよやく》（病に応じて薬を与えること）」とも言われ、病人の症状や病因が違えば、当然のことながら処方する薬も変わってくるのに喩えられる。

具体的な例で考えてみよう。たとえば、ある目的地に導くための指示は人によって異なる。目的地の日本に人々を導く場合、住んでいる国によって指示は異なる。オーストラリア人には「北に進め」、中国人には「東に進め」、そしてアメリカ人には「西に進め」という指示になり、指示内容はすべて異なる。同様に同じ涅槃（覚りの境地）に導く場合も、誰に指示するかで指示内容は異なるのである。

法（dharma）の多義性

ではつぎに、世俗諦と勝義諦を「法（dharma）」という観点から整理してみたい。「法」と漢訳されるダルマは、仏教において実に多様な意味を持つ。この語は動詞√dhṛ（保つ・維持する）に由来する名詞なので、本来は社会や世界を維持する「法則・理法」や、宇宙を貫く「道理・真理」をも意味する。そして仏教ではブッダが説いた「教え」も意味する。さらに「法」は「存在」をも意味するが、四法印の一つ「諸法無我《しょほうむが》」の「法」はこの意味で使われているので、この句は「すべての存在は無我（空）である」ことを意味する。

世俗諦と勝義諦に話を戻すと、「法」は「真理」と同時に「（ブッダの）教え」をも意味するので、世俗諦と勝義諦の両方をカバーする。それでは紛らわしいので、本書では、真理そのものを意味する、言葉を超えた勝義諦を「理法」、またその理法を言葉で説明した教えを「教法」と呼んで区別する。

この法こそ仏教の根本原理であることを、ここで確認しておく。仏教は「仏・法・僧」という三宝を説く。真理に目覚めた仏、その仏が目覚めた真理、あるいは説き示した教え、そしてその仏と法に従って修行する出家者の集団であり、その三宝に帰依することを仏教徒の条件とした。このうち僧はよいとして、仏と法との関係が問題になる。どちらが上位概念なのか。

岸本［1964］は、西洋の一神教的な神の存在に代わるものとして、東洋では宇宙に自ずからそなわる法則性をあげ、これを仏教では「法」と呼び、宇宙の運行の根本的法則性を指しており、仏や菩薩よりも根本的なものであると指摘する。長尾［1967］も、一神教的な神を認めない仏教が最高の権威を認めるとすれば、それは「法」だけであり、歴史的な個人ではないと強調する。武内［1981］も、ブッダという人格を通じてブッダの覚った法を聞き、受け止めていたのであるから、現実は「仏中心」であったが、建前は〈小乗涅槃経〉の「自灯明《じとうみょう》・法灯明《ほうとうみょう》」に代表されるように、ブッダ自身の拠り所が法であったことから、仏教は元来「法中心」であった。

ではなぜ三宝の順番は「仏」が先で「法」が後に置かれるのか。三枝［1999］は初期経典の用例を渉猟し、「仏が先で、法が後」という順番は常に不動であり、一定であることを確認する。では、なぜこの順番なのか。三枝は、初転法輪の場面に注目する。ブッダが最初に説法したのは、苦行時代の五人の修行者だった。ブッダは彼らが住むサールナートに向かい、彼らに説法しようとする。

最初は無視を決め込んでいた五人の修行者だったが、そこに現れたのは、苦行を放棄した人間ではなく、真理に目覚めてブッダとなった人間だった。その威光におされた彼らは思わず立ち上がり、ブッダを恭しく迎える。そしてそのブッダから法を聞き、彼らも真理に目覚めた。つまり、五人の修行者からすれば、ブッダとの出会いが先であり、彼の口から流れ出た法に触れるのは、その後である。三枝は指摘する。

しかもこのダンマ〔＝ダルマ〕は、ブッダという特定の個人のいわば人格そのものに裏づけられており、そのブッダ個人を除いては、このダンマそのものは出現し得なかった。すでに存在していたはずのダンマの自己開陳では決してなかった。このダンマはブッダという個人―人格を通してこそ、ダンマであり得た、ダンマとなり得た、といっても過言ではない（三枝［1999: 99］）。

このように理念的には法が仏に先行するが、五人の修行者にとっては、ブッダという人格が先にあり、その後にダルマが現前したことになるので、教えを受ける仏教徒の目線に立てば、三宝の順番は仏が法に先んじていると三枝は推定する。法なくして仏は存在しえないし、仏なくして法は我々に知りえないので、両者は車の両輪のごとき関係にあるが、信仰の場面では、仏を重視する立場もあれば、法を重視する立場もある。

筏の喩え

では教法と理法の関係はどうか。本章では多様化の原因の一つを「言葉」という観点から考察している。これまでみてきたように、理法に導くための教法は異なって当然である。つまり、教法自体は普遍（不変）ではない。普遍（不変）なのは「覚り（目覚め）という体験」、あるいは覚りの対象となる「真理」そのものだけだ。教法は覚りに至るための方便、あるいは真理を言葉で表現したものだから普遍（不変）ではなく、また覚ってしまえば最終的には捨てられる。これを端的に示したのが「筏の喩え」だ。初期経典から、その内容を紹介しよう。

「比丘《びく》（出家者）たちよ、お前たちに筏の喩えを説こう。それは（彼岸に）渡るためであって、執着するためではない。それを聞き、よく思念するがよい。では説こう」「大徳よ、かしこまりました」と、かの比丘たちは世尊に答えた。

「比丘たちよ、たとえば大きな道を進んでいる人が、此岸は危険で恐怖があるが、彼岸は安全で恐怖のない大きな水の流れを見るとしよう。彼には此岸から彼岸に行くための橋も渡し船もない。彼はこう考えた。〈これは大きな水の流れだ。此岸は危険で恐怖があるが、彼岸は安全で恐怖はない。だが、此岸から彼岸に行くための橋も渡し船もない。いざ私は草・木・枝・葉を集めて筏を編み、その筏を頼りとして、手足で努力し、無事に彼岸に渡ろう〉と。そこで比丘たちよ、その人は草・木・枝・葉を集めて筏を編み、その筏を頼りとして、手足で努力し、無事に彼岸に渡ったとする。彼岸に渡った彼はこう考えた。〈この筏は私の役に立った。私はこの筏を頼りとして、手足で努力し、無事に彼岸に渡った。いざ私はこの筏を頭に載せるか肩に担ぐかして、好きなところへ出かけよう〉と。比丘たちよ、これをどう思うか。そのように行えば、その人はその筏に対してなすべきことをなしたことになるであろうか」

「大徳よ、そうではありません」

「では比丘たちよ、どうすればその人はその筏についてなすべきことをなしたことになるであろうか。比丘たちよ、ここで、彼岸に渡ったその人がこう考えたとする。〈この筏は私の役に立った。私はこの筏を頼りとして、手足で努力し、無事に彼岸に渡った。いざ私はこの筏を陸地に引き上げるか水に浸けるかして、好きなところへ出かけよう〉と。比丘たちよ、そのように行えば、その人はその筏に対してなすべきことをなしたことになるのだ」（MN i 134.30–135.26）

ここでは〝筏〟が「教え」に喩えられており、彼岸に渡り終われば、教えに執着してはならず、潔くそれを捨てなければならない。

本書では進化論を援用して仏教の多様化を説明するが、この筏の喩えをドーキンスの遺伝子理論と突き合わせると、興味深い一致をみせる。ドーキンスは生物の個体は遺伝子の乗物にすぎないと喝破した。この身体と遺伝子との関係は、教法と理法との関係に置換可能であり、教法は理法の乗物にすぎないと考えられる。だから目的を終えれば、身体が捨て去られるように、教法も捨て去られる。主体はあくまで理法であり、教法は理法を運ぶ器にすぎない。生物の表現形態に多様性があるように、時代性や地域性を反映して、教法にも多様性があるのは当然なのである。

これに関し、中島［2021: 90］も同様の指摘をしているので紹介しておく。中島は利他を他力という視点から説明する中で、親鸞の『教行信証《きょうぎょうしんしょう》』に言及し、「親鸞にとって『教行信証』を書く自分は先人の言葉をつなぐ触媒にすぎず、親鸞は「言葉の器」になろうとした」（取意）と指摘する。この場合の「先人の言葉」は表層的には「教法」を指すが、より本質的にはその教法に込められた「理法」と置き換えることができる。

バラモン教の言語観

教法（能詮）と理法（所詮）とは一応分けて考えるべきではあるが、インドの伝統宗教および大乗仏教の後期に出現した密教では、この教法と理法とが同一視され、言葉が真理そのものという言霊《ことだま》思想が確認されるので、これについても整理しておこう。

歴史的にみれば、能詮と所詮とを分けて考える方が特異であり、同じインドでも言葉に実体（霊力）を認める考え方（能詮＝所詮）の方がむしろ主流だった。インドの正統宗教であるバラモン教がそうであるし、そのバラモン教やインド土着の宗教に仏教も影響を受け、伝統仏教のパリッタ（護呪《ごじゅ》）や真実語、また大乗仏教のマントラ（真言）も言葉を実体視するようになる。インドは古来より「言語」に極めて高い意識を持っていたが、その理由を中村［1988a］によりながら、紹介する。

古代よりインド人は言葉と実在とは一体をなし、各々の事物の中にはその名前で表示される呪術的な本質が含まれていると考えた。つまり、その名称である言葉の内には神秘的な霊力が潜んでいると考えたのである。よって、その名前を知り、言葉を駆使できる者は、客観的な事実をも支配しうると考えた。彼らは「言葉の知識は力である」ことを前提として承認し、このような観念に基づいてバラモン教の大がかりな祭儀は成立しており、言語の中に霊力を認めるという考え方は、わが国に古来より存在する言霊信仰と相通ずるところがあると中村は指摘する。

また中村［1989a］は、古代インド人が人間の言葉に霊力を認めて、言葉が一定の方式に従って発せられると、その意味内容が実現すると信じていたと指摘し、古代バラモン教の聖典『リグ・ヴェーダ』では世界創造神が「言葉の主（vācaspati）」と表現され、言葉が万有の最高原理として立てられているという。

これはセム系の一神教にも確認できる言語観だ。たとえば『旧約聖書』「創世記」には、「神が「光あれ」と仰せられた。すると、光ができた」（バルバロ［1980: 5］）とあるように、言葉はその内容を実現させる力を秘めていることがわかる。また『新約聖書』「ヨハネによる福音書」の冒頭は、「はじめにみことばがあった。みことばは神とともにあった。みことばは神であった。みことばははじめに神とともにあり、万物はみことばによって創られた」（バルバロ［1980: 135］）で始まるが、ここでも言葉は神と同一視され、バラモン教の言語観と一致する。

このような言語観は仏教にも影響を与えた。とくに密教の真言にはその大きな影響が認められるが、これについては第四章の密教の解説でふたたび取り上げる。

クローズドキャノンとオープンキャノン

仏教とならび、世界宗教となっているのがキリスト教だ。そのキリスト教と仏教とを比較すれば、さまざまな相違点が確認できるが、その大きな違いの一つは聖典の量であろう。キリスト教の聖典である『新約聖書』は鞄にも入り、持ち運び可能だが、仏教の聖典は、初期仏教経典にかぎってもまず不可能である（デジタルデータは別）。それに大乗経典を加えると、その量はとんでもない量になる。

どちらも弟子たちによる教祖の言動録だが、その分量にこれほど大きな差ができるのは言語観（あるいは聖典観）の違いも影響している。アメリカの聖書学者ブルース・メッツガー（Metzger [1987]）は、聖典を「クローズドキャノン（閉ざされた聖典：変更不可）」と「オープンキャノン（開かれた聖典：変更可能）」に分類した。キリスト教の聖書は変更や付加を許さずに教えを固定化するクローズドキャノン、仏教の経典はその逆のオープンキャノンと言える。というのも、真理は表現を超えているが、その真理を表現する言葉は多種多様であってよいという考え方が仏教の基本にあるからだ。だからこそ、初期経典に加え、大乗経典も新たに創造され、経典としての地位を獲得した。

クローズドキャノンを特徴とする聖書には「原理主義（Fundamentalism）」が付随する。小室［2000］によれば、原理主義とは「聖書に書いてあることをそのまま事実だと信じることである」と言う。敷衍《ふえん》すれば、「聖書のみが完全無謬《むびゅう》の絶対的権威であり、その記述を事実として信じること」と言えよう。この原理主義はキリスト教にだけみられるものであり、ほかの宗教にはない。これがクローズドキャノンの特徴だ。

このように、キリスト教の聖書はクローズドであるがゆえに文言は閉じており、変更の余地はない。だがそれゆえに、その文言の解釈には幅が生まれ、その解釈は放っておくと多様化してしまう。それを阻止するためにキリスト教は公会議を開き、異なる解釈同士をつきあわせて「正統／異端」を決定した。正統説はキリスト教の統一見解となる一方、異端の烙印を押された教説は排除される。

仏教の言語観に従えば、仏教はオープンキャノンである。だから、仏教は相手にあわせて説き方を変える「対機説法」を特徴とし、その結果、仏教には「八万四千の法門」があると言われる。「法門」とは「真理（法／覚り）に至る入口（門）」を意味するが、覚りというゴールは一つでも、そこに至る方法（教説／教法）は無限にある。「八万四千」は数の多さ（無限）の象徴的表現にすぎない。

三身説《さんじんせつ》

本章の最後に「理法と教法」の応用編として三身説を説明し、尊格の多様化について解説する。形而上の理法が形而下の教法として展開する場合、その展開の仕方は無限である。これを尊格に応用したのが三身説（法身《ほっしん》・報身《ほうしん》・応身《おうじん》）だ。この三身説は大乗仏教の産物だが、これは伝統仏教の二身説が発展したものだから、まずは二身説の説明から始めよう。これは仏身観に基づく。ブッダの入滅後、肉体的な身体が荼毘に付されて遺骨だけが残されたとき、仏身観の議論が本格的にスタートした。

二身説とは色身と法身のことだが、色身とは肉体的な身体を意味し、死を以て生滅する。ブッダの色身も八〇歳で生滅し、遺骨が色身の残滓《ざんし》としてこの世に留まった。よって色身にブッダの永遠性を求めることは妥当ではない。では当時の仏教徒はどこにブッダの永遠性を求めたのか。それが法身だ。ブッダは法（真理）に目覚めてブッダになったのだから、ブッダをブッダたらしめている本質的な要因は「法（ダルマ）」であり、この法を身体とするのがブッダであると考えられた。これが「法身」である。

この二身説をもう一歩進展させたのが三身説だ。これは「法身仏・報身仏・応身仏」とされる場合もあるし、「法身仏・報仏（＝報身仏）・化仏《けぶつ》（＝応身仏）」、あるいは「自《じ》性《しょう》身・受用《じゅゆう》身・変化《へんげ》身」と表現される場合もある。その具体的内容について、ここでは〈摂大乗論《しょうだいじょうろん》〉の記述を手がかりに確認する。

〔結果としての〕智が優れていることをどのようにみるかというと、仏の三身、すなわち自性身と受用身と変化身とによって、智が優れたものであるとみるべきである。そのうち、自性身とは、諸の如来の法身である。一切の法に関して自在なることの拠り所だからである。受用身とは、諸仏のさまざまな〔説法の〕集会において顕わとなるものであり、法身に基づいている。極めて清浄な仏国土と大乗の法楽とを享受するからである。変化身も同じく法身に基づいている。すなわち、兜率天《とそってん》にいることをはじめとし、〔そこから〕死没して〔この世に〕生まれ、愛欲を享受し、出家し、外道のもとに赴き、苦行を実践し、最高の覚りを開き、法輪を転じ、大般涅槃《だいはつねはん》を示すからだ（D. 4048/#4053, Ri 37a3–7)。

この記述で注目すべきは、自性身（法身）が受用身（報身）と変化身（応身）の基盤として位置づけられていることだ。法（真理）を覚ること（＝智慧の獲得）により、その報いとして仏国土や大乗の法楽を享受するのであり、またその当然の帰結として、さまざまな衆生に応じて対機説法（慈悲への展開）するのだから、受用身（報身）と変化身（応身）が自性身（法身）を基盤とするのは当然である。

さて、大乗の論書は〈法華経〉の影響でブッダを変化身（応身）と位置づけるが、二身説および三身説の模範が仏伝にあることはいうまでもない。ブッダは真理（法身）を覚り、その報いとして法楽を享受したあと（報身）、梵天勧請《かんじょう》により、覚りの世界に留まるのをよしとせず、ふたたび俗世間に戻ってさまざまな衆生に応じた法を説いたのであるから（応身）、三身説は仏伝におけるブッダの生き方を理論化したものであり、それとは無関係に三身説が新たにつくり出されたわけではない。これを図式化すると、つぎのようになる。

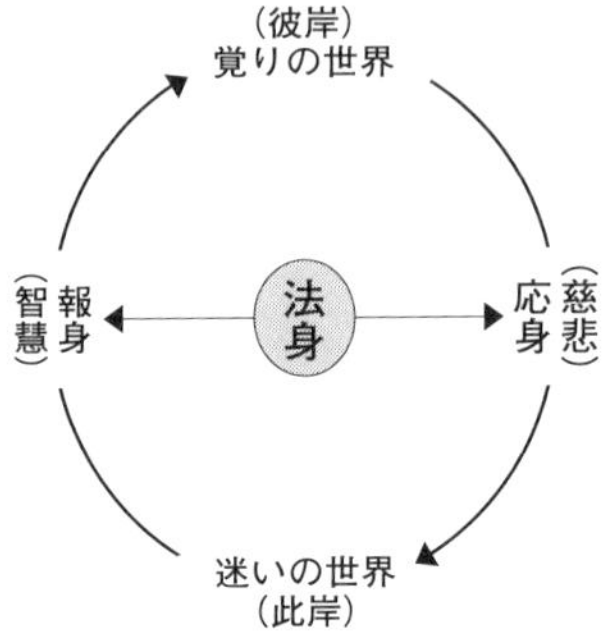

この三身はそれぞれ別個に存在するのではないが、後の仏典は、たとえば阿弥陀仏や薬師仏を報身に分類する。というのも、阿弥陀仏は仏になる前、法蔵菩薩として四八の誓願

を立て、その誓願を実現すべく長時の修行を積み、その報いとして西方に極楽浄土を構えたからであり、また薬師仏は一二の誓願を立て、その誓願を成就して東方にある浄瑠璃世界の教主という報いを得たからである。しかしその報いを得たのは、法を覚ったからであり（法身）、また衆生に応じて説法することもあるから応身仏でもある。阿弥陀仏や薬師仏は修行の果報を享受した点が強調されるので、三身中「報身」の側面が際立ってはいるが、三身は「同一の仏の三つの側面」と理解しなければならない。

それはともかく、修行によって法身を体現した報身は、その慈悲の展開として必ず応身を現じるのであるから、その衆生への応じ方は無限ということになる。こうして法身を体現した尊格は無限に増え、多様化することになる。これを菩薩で象徴したのが観音菩薩の化身（＝応身）であり、〈法華経〉の記述に基づき、三三に変化するとされる。とすれば、三身説のうち、法身が理法、応身が教法に相当することがわかるだろう。

第二章　聖典解釈

前章では、教法を形成する要素である言葉の性質および言葉に対する仏教の態度を整理した。その結果、真言や陀羅尼など「教法＝理法」という考え方も仏教には誕生したが、基本的に教法と理法とは別ものであり、理法を表現する教法は多様性を帯びることを「言葉」の性質から説明した。本章ではその教法をいかに解釈するか、つまり聖典解釈によって仏教が多様化することを明らかにする。

一．ブッダの真意を探る努力

初期仏教研究の難しさ

本書は仏教の多様化を問題にするので、まずはその最初期の仏教を確認する必要がある。多様性を生みだすもとになった原初の姿だ。一般に最初期の仏教、つまりブッダが覚りを開いて教団を組織してから、仏滅後に教団が分裂するまでの仏教を「初期仏教（原始仏教)」と呼ぶが、この時代の仏教の姿を如実に描き出すのは容易ではない。というのも、それを探るための第一資料たる初期経典にさまざまな問題があるからだ。

仏滅後、仏弟子たちは一堂に会して経典編纂会議を開いた。これを「結集《けつじゅう》」という。アーナンダが中心になって経典(経蔵)を編纂し、またウパーリが中心になって律典(律蔵)を編纂した。これらの典籍は最初期、「話し言葉」で伝承された。いわゆる「口伝」である。そして紀元前後、それが書き言葉で伝承されるようになった。その間、三〇〇年ほどが経過している。

さらに現在、我々が初期経典と呼んでいるパーリ聖典の成立は五世紀頃と考えられているので、ブッダの時代から考えれば一〇〇〇年近い年月が経過したことになる。その伝承の過程においては、「言い違い/聞き違い/書き違い」が発生する。しかもそれには意図的なものと無意図的なものがあり、現在我々が手にする初期経典は原初の姿とはかなりかけ離れている可能性が極めて高い。

初期仏教については、洋の東西を問わずこれまで多くの研究者が多くの研究成果を発表し、研究しつくされた感があるが、近年、そのような初期仏教研究に新たな視点から光を当て、従来の定説を次々と突き崩しているのが並川孝儀だ。仏教の教義は輪廻を前提としているが、ブッダ自身は輪廻を認めていたのか。無我説は初期仏教の重要な思想だが、ブッダ自身は無我説を説いたのか。並川はこのような定説をその前提から問い直し、ブッダ在世当時の仏教の原初の姿を浮き彫りにしようとしている。

これまでの研究成果（並川［2005］）もさることながら、初期仏教に関して新たな研究成果が発表された（並川［2021a; 2021b］）。ここでは並川の最新の研究を紹介しながら、初期仏教の原初の姿を確認していこう。

最古の仏教の姿

並川の研究手法の特徴は、その資料論にある。初期経典と一口に言っても、その成立はまちまちだ。経典には韻文文献と散文文献とがあり、一般には韻文文献が古いとされる。すでに指摘したように、最初期の伝承形態が口伝であることを考えると、韻文の方が記憶に適しているからだ。

また同じ韻文文献でも、最古の成立と考えられているのが『経集《きょうしゅう》』の第四章と第五章なので、並川はここに焦点を当て、覚りの境地を目指す修行の道程に注目する。その際のキーワードが、動詞 √smṛ（記憶する／心に留める／思い出す）の過去受動分詞 sata とその名詞形 sati だ。「念」と漢訳される語で、「念仏」の「念」もこれに由来する。

これまで多くの研究者が『経集』の和訳を公表し、当該の語を「気をつけて／思念して」などと訳すが、これらの訳は「何に対して」気をつけるのか、「何を」思念するのかが不明瞭であった。そこで並川は同経第四章の用例から、sata は「自己がいま、どこで、どのように存在しているのかを正しく自覚するという、仏教修行者のもっとも基本的なあるべき姿を示している用語」と指摘する。また同じ『経集』よりやや成立の遅れる韻文文献『長老偈《げ》』等の用例からも同等の意味で説かれていることから、日々の厳しい修行生活に身を置く仏教修行者の基本的なあり方を説くのが sata/sati であると言う。

「過去の自己がどうであったが、現在の自己はどうあるのか、そして未来の自己はどうあるべきか」について、たえず覚りを求めて内観するというのが sata/sati の意義であるから、並川は、正しく心に留め、正しく自覚する sata/sati（念）の対象を「自己の存在」と確定する。そして用例の考察から、sata/sati（とくに sata）を原因として導かれる結果は、表現は一定ではないが、覚りの境地ということになる。よって sata/sati は覚りをもたらす重要な概念であることがわかる。

さらに並川は sata に関し、重要な三点を指摘するが、ここでは最初の二つのみを取り上げる。第一は、sata が「教えを了知して」を前提とした上で行う実践として説かれている点だ。この場合の「教え」とは、苦とその原因である執着からの脱却や目指すべき涅槃に関することで、論理的思考に基づいた思想や教理に関する内容は説かれていないという。

仏弟子からすれば、教えを了知するにはブッダの声に耳を傾けなければならないが、並川はここに、教えを説くブッダと真理を求めて一言も聞き漏らすまいとする仏弟子たちの緊張感ある宗教世界を見て取る。さらに並川はここから考察を進め、無師独悟であったブッダ自身に「教えを了知して」という過程はなかったから、結局のところ、ブッダの修行はsata の実践から始められたのではないかと推測する。

第二は、sata が「たえず／常に（sadā）」によって修飾されるという点である。これは自己の存在を自覚することがたえまなく続けるべき行為であり、自己を徹底的に見つめ、克己《こっき》し続ける極めて厳格な行為であることを示しており、それは同時に sata が日々のあらゆる修行の基礎となる行為であることを示していると並川は指摘する。

このように、sata/sati はたえず自己の存在を正しく自覚する精神的修行であることがわかる。仏教で精神的修行と言えば、三昧《さんまい》（samādhi）や禅定《ぜんじょう》（jhāna）が思い浮かぶが、それらの用語は限定的にしか使われていないため、最初期の段階では、これらは修行法の中心的な意義を有していなかったと並川は推論する。

一方、sati は智慧（paññā）と一対で説かれ、また智慧と同等の働きを持つと説かれるので、正しい自覚（sati）と智慧（paññā）とにより、それぞれ自己の存在とこの世の真実のあり方を洞察して正しく理解することが仏教の原初の姿であるといえる。そうだとすれば、最古の仏教は論理や合理（縁起・無常・無我など）による思考作用に基づくのではなく、修行によって体得できる直観に基づく宗教性に、その存在意義を有していたと結論づける。

最初期から初期へ

つづいて並川［2021b］は、最古層の仏教が時代的に変遷する過程に焦点を当てる。まずは sata/sati と無我思想との関係をみてみよう。ブッダ在世当時にインドの正統宗教であったバラモン教には、梵我一如《ぼんがいちにょ》という教義があった。宇宙を支配する根本原理の梵（ブラフマン）と、個人を支配する原理である我（アートマン）とは究極的に同じであるという考え方だ。

これに対して仏教は、アートマンや「私は存在する」という誤ったあり方も根本を否定して、新たに独自の立場を sata（自己の存在を正しく自覚する）という用語で表明したことが最古層の用例から理解できるが、アートマンを批判しているからといって、すぐさま無我の教えが説かれたと想定できる素地は、最古の仏教ではまだ整っていなかったと並川は考える。なぜなら、最古の仏教において、苦の原因である「欲望の対象に対する我がものというとらわれ」を消滅させることが修行の主目的であったからだ。つまり最初期の仏教の立場は、アートマンを批判することで直ちに無我へと収束することではなく、自己をあるがままに深く洞察する実践にあったと言う。

並川は最初期の仏教の立脚点を、「主体的に覚りを求め、実践に精進し、苦悩からの脱却という宗教性」に求める。絶えず自己と向き合い、内観した修行者たちではあったが、それでもその内観の内容が最古の経典に思想や教理として説かれなかったのは、修行者個人の内的な問題として処理され、論理的思考による思惟は決して覚りへと導く第一義的な道ではないと考えられたからであり、それが思想や教理として構築されるにはつぎの時代を待たねばならなかったと並川は推測する。つまり、苦からの解脱という修行こそが仏教の出発点であり、教理・思想はその副産物ということになる。こうして並川は、縁起・無常・無我という思想性が提唱されることで仏教がインドの文化に新機軸を打ち立てたと解釈するには無理があると指摘する。

しかし時代が下ると、修行者たちは覚りを求めるよりも、開祖ブッダが体得した真理をいかに正しく理解して継承していくかに関心が移り、その教えの解明につとめ、論理的思考によって教理の体系化を進めた結果、今日我々が知るような思想を構築していった。つまり、仏教修行者の目的は覚りという理想世界を体得することから次第にそれらに対する思想的な解明へと比重が移り、仏教独自の立場として無我や縁起の教えなどが思想として構築されるようになったと並川は指摘するのである。

これにともない、sata/sati の対象も「自己の存在」から「自己の身体」へと個別化（特定化）し、さらには「仏」へと多様化していくが、これが「念仏」の起源となる。このように、最初期から初期の仏教に移行した段階でさえ、仏教は激しく変化していることが確認されたと思う。

聖典解釈の歴史

最初期の仏教の一端が明らかになったので、つぎは仏滅後に起こった多様化の原因について整理していこう。

ブッダが生きている間は、教説に関して疑義が生じても、問題の解決はそれほど難しくない。ブッダ本人に訊けばよいからだ。だがブッダの滅後、その道は閉ざされる。相反する教説を残してブッダが入滅した後、当時の仏教徒たちがこの問題にどう対処したのかについては、本庄［2010］を参考に論を進めよう。

キリスト教にも同様の問題は起こりえたが、キリスト教は公会議を開き、異説同士を突き合わせて、どちらが〝正統〟であり、どちらが〝異端〟であるかを決定した。そしてひとたび異端の烙印を押された教説は徹底的に排除される。かなり厳しい態度だ。そこでの審議は、教説の内容の是非もさることながら、出席者のパワーバランスも影響するので、正統説＝正当説とは限らない。

では仏教はどう対処したかというと、権威ある仏教思想家（たち）が「どの教説がブッダの真意であるか」を決定し、一貫した体系を作っていかざるをえなかった。そのさい、A説とB説とが並び立つ場合、キリスト教のように一方を正統として採用し、他方を異端として排除することはなかった。「ブッダは無意味なことは言わない」と考えられていたからだ。

では並び立つ二説をどう共存させたのか。かりにA説が仏説であり、ブッダが真意を述べ、文字どおりに受け取ってよい説（了義）とされれば、B説は仏が衆生を導くための「裏の意味（密意）」が隠された教説（未了義）であり、そのまま受け取ってはならない説と考えられた。こうして当時の仏教徒たちはブッダの真意を探る努力とともに、仮（権）のものとされる教えに付随する密意を探る努力を怠ることはなかった。

しかし、これは遺された仏教徒の「解釈」という恣意性を免れないため、仏教徒によっては逆の解釈、すなわちB説が了義（仏説）であり、A説が未了義という解釈も成り立つ。よって、仏滅後一〇〇年（あるいは二〇〇年）が経過すると、それまで和合を保っていた教団はブッダの教説に対する解釈の異なりによって分裂を余儀なくされ、多数の部派（グループ）が林立する結果となった。たとえば、さきほどの「苦」をめぐる矛盾はどう解釈されるか。

「一切は苦である」を了義とする部派は、「苦あり、楽あり、その中間あり」の教説を、「楽とは、実は微弱な苦を密意し、苦とは強い苦を、苦楽の中間とは実はそれらの中間の苦を密意して説いた」と説明する。一方、「苦あり、楽あり、その中間あり」の教説を了義とする部派は、「一切は苦である」の教説を、「諸行の壊苦性を密意して説いた（＝感覚はすべて諸行であり、無常であるから壊れたときはすべてが苦である）」と説明するが、これが後の教相判釈《きょうそうはんじゃく》の祖型となる。

仏教の典籍は三蔵と言われ、経蔵・律蔵・論蔵の三つを指す。経はブッダが説いたとされる教説を集成した典籍、律蔵はブッダが制定したとされる戒律を集成した典籍、そして論蔵はその経蔵と律蔵とに対して後の仏教徒たちが注釈や解釈を施した典籍である。よって、経蔵と律蔵は「仏説」だが、論蔵は「非仏説」だ。しかし今みたように、教説からブッダの真意を探り、また密意を探る努力の結果は、論蔵に集約されることになるので、論蔵こそが各部派にとって「ブッダの真意」を代表する最高の仏説と考えられるようになっていく。こうして、ブッダが実際に説かなかった論蔵までもが、解釈の変更により「仏説」とされていく。

これについてさらに興味深いのは、論蔵が本来の立場である「非仏説」から「仏説」に格上げされただけでなく、三蔵の中で最高の権威とみなされるようになったことだ。経蔵で説かれたブッダの真意を確定するのは論蔵であるという理由からだが、その立論にあたっては、教証（経典の教説による証明）のみならず、理証（道理・理屈による証明）が要求されたため、経蔵の重みが相対的に失われていくことになった。こうして、ブッダの教説さえも、個々の経は、まず「文字どおりに受け取ってよいか」という問いかけと理論的吟味なしに読むことは許されなくなってしまったと本庄は指摘する。

アビダルマ（論蔵）仏説論から大乗仏説論へ

さて論蔵は教説つまり教法（dharma）に対する（abhi-）注釈文献であるから「アビダルマ（abhidharma）」とも呼ばれるが、本庄[1989]はこれに基づき、アビダルマ仏説論が大乗仏説論の根拠になったと考える。

大乗経典は仏滅後、三〇〇年以上が経過した後に創作され始めた経典群であるから、仏説の「仏」を「ブッダ」に限定すれば、仏説ではありえない。しかし、三蔵中、本来は仏説ではなかった論蔵（アビダルマ）に仏説の権威が与えられれば、本来は仏説ではない大乗経典も仏説の地位を得る道が開けてくる。

部派仏教徒たちは自分たちの論蔵の権威を守るために「密意」に加え、「隠没《おんもつ》」と「法《ほっ》性《しょう》」で理論武装した。「隠没」とは、「ブッダの教えのうち、残ったものも多いが、失われた（＝隠没）ものもある。現存する経に説かれていないものは、隠没した経に説かれていたのを、阿羅漢（覚りを開いた聖者）である著者が三昧（精神集中）に入り、特殊な智慧によって見通して回復せしめたものだ」とする理論である。「法性」とは、「ブッダによって説かれていなくても、諸存在の特徴、根本的なあり方（法相・法性）にかなえば、仏説である」とする理論である。つまり、理屈・道理に適っていれば、仏説と認めてよいとする考え方だ。この、「密意／隠没／法性」の三理論は大乗仏教興起の原理的基盤を提供したとし、大乗教徒たちの大乗仏典創作は、自らがブッダの真意と考える説を仏説として提出する作業であったと本庄は指摘する。

以上、聖典解釈の最初期の態度を概観したが、これはその後、中国および日本を経ても継承されていく。つまり、解釈の上に解釈が上書きされ、その結果、仏教は時代と地域とを超えて大いなる変容を遂げることになった。そうでなければ、インド仏教の原始の姿がそのまま現代の日本仏教に伝わっていただろう。

二、教相判釈

インド仏教の教相判釈

教相判釈（後述）とは中国仏教固有の事情から生まれた言葉だが、それぞれ独自の視点で仏教聖典を解釈する濫觴《らんしょう》はさきほどみたように、ブッダの経説の矛盾を会通《えつう》する態度にあった。これは、インドの仏教のみならず、中国や日本のそれにも共通する仏教の基本的態度であることを確認していく。まずはインド仏教から。

アビダルマ仏説論に端を発した聖典解釈は、大乗仏教が旧来の伝統仏教を批判して自らの立場を正当化する態度にもみられる。大乗仏教は旧来の仏教を小乗と蔑称し、小乗を鏡に自らの立場の優勢性を主張した。これをさらに細分化すれば、小乗は声聞乗《しょうもんじょう》と独覚乗《どっかくじょう》に分類され、大乗は菩薩乗とも称される。大乗経典の中でも最初期に成立した般若経類や〈維摩経〉は、菩薩乗の立場から声聞乗と独覚乗（小乗）を批判した。とくに〈維摩経〉は小乗の二乗を「敗種（腐った種）」に喩え、覚りが発芽しない教えと酷評するが、これが最初の価値判断である。

つぎの段階は大乗内部の価値判断。般若経類や〈維摩経〉の小乗批判は自らの立場である大乗を称揚するには便利だったが、小乗を批判して大乗を説けば、大乗は小乗を排除しているがゆえに「大乗（大きな乗物）」でなくなるという矛盾を孕んでいた。この反省に立ち、〈法華経〉は一（仏）乗を説いた。つまり、仏の教えは最初から一（仏）乗しかなかったが、方便として三乗が説かれたとする。これが二回目の価値判断だ。

これにつづき、第三の価値判断が十地《じゅうじ》思想だ。十地には二つの系統があり、一つは仏教という大きな体系の中（五地：凡夫→声聞→独覚→菩薩→仏）で修行階梯《かいてい》を一〇段階に分けるもの、もう一つはその中でもとくに菩薩に焦点を当て、その菩薩の修行階梯を一〇段階に分けるものである。前者は「共の十地」（三乗と共通する十地）、後者は「不共の十地」（三乗と共通しない十地で、「十住《じゅうじゅう》」とも表現される）と呼ばれる。三者の関係（五地・共の十地・不共の十地）を図示すると次頁のとおり。

五地	共の十地	不共の十地	四種の菩薩
		勝解行地	初発意（新発意）
凡夫地	①乾慧地《けんねじ》	①歓喜地《かんぎじ》	久修習（久発意）
	②種性《しゅしょう》地	②離垢《りく》地	
声聞地	③八人地	③発光《はっこう》地	
	④見地	④焔慧《えんね》地	
	⑤薄地	⑤難勝《なんしょう》地	
	⑥離欲地	⑥現前《げんぜん》地	
	⑦已弁地	⑦遠行《おんぎょう》地	
独覚地	⑧辟支仏《びゃくしぶつ》地	⑧不動《ふどう》地	不退転
菩薩地	⑨菩薩地	⑨善慧《ぜんね》地	
仏地	⑩仏地	⑩法雲《ほううん》地	一生補処

この共の十地はある意味で、〈法華経〉の一乗思想に通じる。つまり、旧来の仏教（小乗仏教）を価値なき教えとして否定せず、菩薩の修行階梯の初期段階に位置づけた。こう

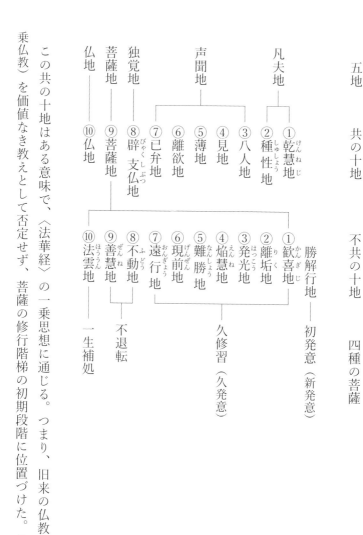

すれば、小乗二乗の価値を全否定することなく、しかも菩薩道の優位をも同時に示せるからだ。こうして、古い仏教は新たな仏教に更新され、取り込まれていく。

中国仏教の教相判釈

インドでは初期経典・大乗経典・律文献・論書など膨大な文献が編纂されたが、これらは編まれた時代を考慮せず中国にもたらされ、漢訳された。中国人からすれば、内容がバラバラの経典が歴史を無視し順不同で入ってくるので、それを何らかの基準で整理する必要があった。この経典の整理を「教相判釈（経典の内容（相）を判断し解釈すること）」、略して「教判」という。これは中国仏教の特殊事情だった。

その中で、ここでは二つの教判を紹介する。一つ目は道綽《どうしゃく》の教判だ。道綽はインド将来の膨大な経典を、自力で覚りを開くことを説く経典（聖道門《しょうどうもん》）と、他力で救済されることを説く経典（浄土門）に分類し、浄土門の価値を称揚した。教判は単に経典を分類するだけではなく、経典の優劣や深浅を判定する作業であり、数ある経典の中から自分に価値ある経典を選択するため、諸経典に価値判断を下す作業でもあった。

ではつぎに、日本仏教にも大きな影響を与えた智顗《ちぎ》の「五時教判《ごじきょうはん》」を紹介する。その内容は以下のとおり。

①華厳時‥ブッダは覚りの内容を直截的に説く『華厳経』を説示したが、あまりに深遠で誰も理解できなかった
②鹿苑時《ろくおんじ》‥そこでブッダは鹿野苑で『阿含経《あごんきょう》』を説いた
③方等時《ほうどうじ》‥『阿含経』を説き終わると、ブッダはつぎに大乗経典一般を説いた
④般若時‥つづいて、小乗(鹿苑時)と大乗(方等時)の執着を取り除くために、ブッダは『般若経』を説いた
⑤法華涅槃時‥そして最後にブッダは満を持して、最高の経典『法華経』と『大乗涅槃経』とを説いた

こうして智顗は経典が説かれる順番を五時に分類し、全仏教の体系を整理した。『大乗涅槃経』はブッダの涅槃(入滅)を主題とする経典だから、その後ろに『法華経』を位置づけられないが、天台教学によれば、『大乗涅槃経』は〝落穂拾い〟の経典とされ、『法華経』が取りこぼした教えを説く経典とされる(これも一つの解釈)。ともかく、これが『法華経』を最高の経典として位置づける智顗の「五時教判」だ。

日本仏教の教相判釈

日本仏教の例としては、仏教の最終段階で登場した密教を奉じる空海の教判を紹介するのが、全仏教の体系を概観する上でもっともわかりやすいだろう。空海は『三教指帰《さんごうしいき》』を著し、儒教・道教・仏教を比較して仏教の優位を説き、また『弁顕密二教論《べんけんみつにきょうろん》』では、顕《けん》教《ぎょう》と密教とを比較し、密教の優位を説いた。これをふまえ空海は、『十住心論《じゅうじゅうしんろん》』で仏教以外の宗教や思想をも含めた宗教と思想の価値づけを、以下の十段階に整理する。

①異生羝羊心《いしょうていようしん》：異生（凡夫）の心が羊のように愚かなこと。六道に輪廻する迷いの状態（誤った外道）

②愚童持斎心《ぐどうじさいしん》：愚かな子供が斎戒《さいかい》を保つようになった状態。世俗的な倫理道徳の立場（儒教など）

③嬰童無畏心《ようどうむいしん》：まだ子供のような状態だが、悪道に堕ちる怖れはなくなり、善行による生天を信じる段階（仏教以外の諸宗教）

④唯蘊無我心《ゆいうんむがしん》：五蘊《ごうん》は存在するが、自我は存在しないと信じる段階（声聞乗〔小乗〕）

⑤抜業因種心《ばつごういんじゅしん》：十二因縁を観じ、業の苦や無明の種子を抜き去る段階（独覚乗〔小乗〕）

⑥他縁《たえん》大乗心：他の衆生も心にかける（他縁）大乗の最初の段階（法相宗：唯識）

⑦覚心《かくしん》不《ふ》生《しょう》心：一切の存在は不生不滅であると覚る段階（三論宗：中観《ちゅうがん》）
⑧一道《いちどう》無為《むい》心：唯一絶対の立場（道）に立ち、因縁造作（有為）を超えた（無為）段階（天台宗）
⑨極無《ごくむ》自性《じしょう》心：顕教における究極の段階で、一切の存在の無自性を覚る（華厳宗）
⑩秘密《ひみつ》荘厳《しょうごん》心：仏教の究極である真言密教の段階（真言宗）

当時の空海にとって、知りうるかぎりの宗教および思想をすべて体系化し、その頂点に密教を位置づけたのが空海の教判だ。これはこれで素晴らしいが、この教判はあくまで空海という一個人の解釈であり、それが全仏教の〝統一見解〟ではない。

以上、仏教思想を中心に、インドから日本までの教判の歴史を辿ってみたが、仏教思想の「統合／整理／体系化」という点では、後代に誕生した仏教ほど有利であることがわかる。その意味で、思想にしても尊格にしても、インド仏教史の最後に誕生した密教は、その前のすべてを漏れなく取り込めるという利点があった。

宗教体験の重要性

本章では、仏教が多様化する要因の一つが聖典解釈にあることをみてきたが、では何がその解釈を多様ならしめているのか。解釈という以上、その聖典には直接説かれていない自分なりの主張を新たに展開することになるが、その主張が説得力あるいは普遍性を持つためには、その解釈に恣意《しい》性があってはならない。立論にあたっては、教証（経典の教説による証明）に加え、理証（道理・理屈による証明）が必要であったことはすでに説明した。「聖典にこう記されているから」というのは、立論においてもっとも有力な根拠になる。仏が説いた聖典（仏説とされた論蔵も聖典に含まれる）こそもっとも権威があるからだ。一方、権威となる経典には矛盾する説も説かれていたから、それを批判的に判断するには理証も重要な判断の根拠となった。こうして教証と理証とは立論にあたっての有力な根拠となったが、この二つに加え、宗教体験に基づく解釈もあったと私は推定する。

仏教は単なる思想や哲学ではなく宗教である。キリスト教と違い、仏教はとくに修行という身体的活動を重視する宗教だから、体験に基づく解釈も重要になる。私はこれを「体証」（私の造語）と呼ぶ。宗教体験に基づく立論の証明だ。インドから日本に至るまで、仏教の偉大な思想家は、いずれも〝学者〟であると同時に敬虔な〝仏教徒〟でもあった。彼らは仏教の実践者であり、実践を通して自らの思索を深め、体証を通じて新たな思想を樹立した。

宗教体験とは、ある意味で「理法としてのダルマと接触した体験」と言えよう。たとえば、仏教の開祖ブッダは真理に目覚めて、文字どおり「ブッダ（目覚めた人）」となったが、これはブッダにダルマ（理法）が顕現《けんげん》したのであり、ブッダはダルマと接触した。その体験を通じて、ダルマがさまざまな言葉（教法）として結実したわけであるが、このダルマとの接触体験が宗教体験であり、仏教の思想家も何らかの神秘的な体験をしていたことは想像に難くない。

仏典を読み、自らの修行体験の中で必死に「苦からの解脱」を求めながら、彼らは理法と格闘し、「仏典の読誦《どくじゅ》」と「修行の実践」とを往還しつつ、理法の〝声なき声〟を聞こうとした。こうして運よく宗教体験し、理法とコミュニケートできた者は、理法から自らの新たな解釈に〝御墨付き〟を得たと確証すると、その解釈を教法として表出し、論書としてまとめ上げた。ここで彼らは「法身仏《ほっしんぶつ》の〝聞き手〟」から「論書（大乗教徒の場合は「経典」）の〝語り手〟」へと姿を変える。彼らは理法の代弁者となるから、この意味では論書も仏説と言える。先に本庄［1989］のアビダルマ仏説論を紹介したが、このような文脈で考えた場合、彼の指摘は正当性を持つ。

中観学派の説を構築した龍樹《りゅうじゅ》が初地の菩薩と考えられ、大乗瑜伽行《だいじょうゆがぎょう》学派の基盤を築いた無著《むちゃく》が一生補処《いっしょうふしょ》の菩薩である弥勒と交感したとする説などは、部派仏教においてアビダルマが仏説とされ、あるいは阿羅漢の説とされたことと並行関係にあると本庄［2011:

114]は指摘する。彼らも修行実践を通して宗教体験していたと考えられよう。

　セム系の一神教では、預言者は神の代弁者という性格を持つが、仏教における宗教体験者はこの預言者に近い。つまり、「神：預言者」≒「法身仏：宗教体験者」という関係になる。ただし、預言者は神から一方的に選ばれるのに対し、仏教の宗教体験者は自ら進んで仏の声を聞こうとするという違いはあるが、ここで紹介した浄土教家は皆、「理法（法身仏）のトランスレーター（通訳、翻訳者）」と理解することも可能なのではないか。

　さてこの「体証」であるが、私の造語であると言った。よって聖典に根拠を求めることはできない。つまり〝教証〟は成立しないのである。そこで、私自身、仏教思想家になったつもりで〝理証〟を駆使し、〝体証〟の正当性・妥当性を考えてみよう。

　仏教で智慧は重要な意味を持つ。智慧の獲得が仏教の最終目標である「苦からの解脱」をもたらすからだ。三学（戒・定・慧《え》）においても、この三つは並列ではなく、戒と定は慧という目的を達成するための手段という位置づけになる。ではその慧は、どのように得られるのか。その方法は一様ではないが、三慧という考え方がある。聞慧・思慧・修慧の三つを指す。

　三慧の内容も文献によって内容は異なるが、聞慧とはブッダの教えを聞いて生じる智慧、思慧とは思惟によって得られる智慧、そして修慧とは修習（禅定あるいは修行の繰り返し）

によって生じる智慧を意味する。そしてこれは教証・理証・体証に見事に対応する。つまり、教証は聞慧、理証は思慧、そして体証は修慧である。経典の教えに直接由来するのが教証と聞慧、経典に説かれている教えを思惟し、理詰めで論理的に考えるのが理証・思慧、そして、それをふまえて経典の教えや自分なりに思惟したことを実践し、また実践を通して確認するのが体証・修慧ということになる。

こう考えれば、体証それ自体は経典に説かれていなくても、三慧の中の修慧から理証によって導き出すことは可能なのである。こうして、教証・理証・体証を駆使して旧来の聖典を解釈することで、仏教は新たな思想を産出していった。

第三章　伝統と革新

ここまで、多様化の要因を言葉と解釈の両面から考察してきた。これをふまえ、本章では実際にどのような手法で新たな仏教が打ち出されるのかをみていこう。どこの国にも伝統重視の傾向はみられるし、インドもその例外ではない。だから、伝統が無視できないのは当然だが、伝統墨守では革新は生まれない。ではこれの伝統と革新の相克に対して仏教はどう対処したのか。「伝統を装った革新」を手がかりに、この問題を考えてみたい。

一．重視される伝統

革袋とワイン

『新約聖書』「マタイ伝」第九章第一七節につぎのような一説がある。

また、新しいぶどう酒を古い皮袋に入れもしない。そんなことをすれば、皮袋は破れ、酒は流れ出し、袋もだめになってしまう。新しいぶどう酒は新しい皮袋に入れる。そうすると両方とも保たれる（バルバロ［1980: 17］）。

この場合の「ぶどう酒（ワイン）」は思想、「皮袋」は概念や枠組みを意味し、イエスの新たな思想は旧来のユダヤ教の概念や枠組みには入りきらないことを示唆する比喩と考えられている。つまり、新たな思想は新たな概念や枠組みにはめ込むべきことを教えている。

新たな宗教を宣揚する場合、旧来の宗教を古いものとして低く価値づけることはよくあることだ。仏教では、梵天勧請がそれに当たり、このエピソードはすでに取り上げた。これを創作した仏典作者は、伝統的なバラモン教の最高神ブラフマンが、たったいま真理に目覚めてブッダになったばかりの人間に頭を下げて説法を懇願するという場面を設定することで、バラモン教と仏教の新旧交代の場面を見事に描いている。

「新／旧」の価値も、異なった宗教の間では後発の宗教が「旧」よりも「新」に価値を置くことは当然だが、しかし同一宗教の中ではやや事情が異なる。インドで伝統重視の考え方は根強く、同じ仏教内では「新」よりも「旧」に価値が置かれる。この新と旧とのせめぎ合いを、ふたたび革袋とワインの関係でいくつかのパターンを考えてみよう。組み合わせは、革袋とワイン、新と旧とで、以下の四つのパターンができる。

①新しい革袋に入った古いワイン
②古い革袋に入った古いワイン
③古い革袋に入った新しいワイン
④新しい革袋に入った新しいワイン

このうち、仏教の新たな展開を考える際に①はそのままでは意味をなさないが、古いワインを複数ブレンドすることで新たな味わいを創出する場合がある。第五章で取り上げる天台の「一念三千《いちねんさんぜん》」がこれに相当する。ただし、ワイン自体は古くても、新たな味わいを創り出すという意味では、④に分類することも可能だろう。

②もこのままでは伝統墨守の態度であり、ここから新たな展開を期待することはできないが、古い革袋に入った古いワインでも、そのアイデンティティを変えることで古いワインに新たな意義を見出したり、また新たな分析法で古いワインに新たな成分を見つけたりすれば、これも古いワインを新たに意味づけることができる。前者は法然や日蓮がとった「物語化」の手法、後者は親鸞や道元がとった「改読」の手法である（第六章参照）。

さてこの中でもっともオーソドックスな手法は③だ。伝統的な用語や枠組みを利用して、その中に新たな思想を盛り込む。まさに古い革袋に入った新しいワインである。キリスト教的に言えば、これをやると革袋は破れてしまうのだが、仏教はこれを多用する。これについては本章で後述しよう。

また最後の④だが、伝統を重視するとはいえ、さすがに従来の概念に盛り込むのが不可能な場合は、新たな用語が創造される。中観《ちゅうがん》・唯識・如来蔵などがこれに当たる（第四章参照）。蛹《さなぎ》が脱皮して蝶になると、その外見は大きく変態するように、従来の教えに基づきながらも、従来にはなかった新たな仏教が誕生する。ただしその場合でも、発生の母胎は伝統仏教の思想であり、そこから逸脱することはない。

また③と④の中間も存在する。それは中国の善導《ぜんどう》がとった手法だ。伝統的な読みを一字だけ改め、新たな思想を生み出した（第五章参照）。

では詳細に入る前に、まずは古代インドの伝統重視の姿勢、およびそのインドから誕生した仏教にも基本的に伝統を重視する姿勢がみられることを、まずは確認してみよう。

伝統を重視するインド

インドには長い歴史の伝統がある。インダス文明は紀元前二三〇〇年以上もの昔に遡るが、今日のインド文化を築いたのは、もともとコーカサス地方に住んでいたアーリア人だったと言われている。彼らはそこから南東に進み、およそ紀元前二〇〇〇年頃にインドに侵入して原住民を制圧し、ヴェーダを聖典とするバラモン教に基づく文化を形成した。これが今日のインド文化の基盤となる。では中村［1988a］に基づき、古代インド文化の尚古《しょうこ》的性格を紹介しよう。

インド人は行為の規範としての普遍者に随順し、しかも過去遡及的な思惟方法によってその規範を過去に投影するので、その態度は自ずと過去を尊重し、過去を詠嘆《えいたん》するようになる。だから逆に言えば、習俗であれ思想であれ、近代のものを排斥することになる。過去は優れた黄金時代であったが、現在は堕落して汚濁した時代であるという考え方が徹底すると、現代は「末世／末法」であるという考え方に行きつく。インドでは大乗経典で「法滅（正法《しょうぼう》の消滅）」が説かれるようになり、また中国では「正法・像法《ぞうぼう》・末法《まっぽう》」という三時説が誕生したが、それはこのようなインドの尚古的性格に起因する。

このような思惟方法によるかぎり、新しい思想もつねに古い権威と結びつき、その権威を借りて自己の存在意義を主張しようとする。たとえば、インドの国民的叙事詩『マハーバーラタ』は、その内容においてヴェーダ聖典とはまったく別個のものであり、そのヴェーダ聖典よりも重要であると自ら称しているにもかかわらず、なおそれを一種のヴェーダ聖典とみなしている。同様の態度は仏教にもみられ、最初期の仏教は真実の婆羅門の道を明らかにし、真実のヴェーダの祭祀を教えるという立場を標榜していた（後述）。仏滅後三〇〇年以上が経過した後に創作された大乗経典が「仏説」を標榜するのも同様である。

このように、先人にかこつけて説くことを、古代インド人は承認していた。たとえば『マヌ法典』は、マヌ以外の人が著したものであるのに、「マヌ法典」と称するのはなぜかという問いに対し、注釈者は「自分の抱いている見解であっても、他人（＝先人）の教示であるかのごとく説くという習慣は、大部分の教師たちに存在する」と答えている。

権威に頼る態度は、自ずから聖典の内容を絶対視し、聖典の立言《りつげん》を至上命令として受け取るようになる。こうして、何かを立証する場合、聖典の立言を知識根拠とする教証が理証と並んで重要視されることになる。聖典を重要視する思惟傾向は昔から根強く、聖典の権威を盲目的に承認することがインド人の伝統的思惟方法の有力な性格をつくりあげていった。

しかし、そうであるなら、インドから新たな思想や考えは何も誕生しないことになる。中村はその一方で、つぎのようなインド人の性格も指摘する。それは、このような聖典絶対視の態度が、インド人の場合には単に名目上のものにすぎず、実際上はかなり自由な施策を行っていたというものだ。たとえば、ヴェーダーンタ学派のある学系では形而上学的な二元論の立場を取るが、それは彼らの遵奉するウパニシャッド聖典の一元論の立場と相容れない。そこで彼らはウパニシャッドの文句に牽強付会《けんきょうふかい》の解釈を施してまでも、ウパニシャッド聖典の権威を借りようとしている。

以上が中村の所論の要約だが、要するに古代インド人は基本的には尚古的性格を有しつつも、それは名目上のことであり、実際には自由闊達に新たな思想を創造していたようだ。だから基本的に新しいワインは古い革袋に入れる必要があったのである。

仏教の伝統重視の姿勢

尚古的性格を有する古代インドに、仏教は誕生した。よって新たな宗教である仏教も、この尚古的な性格をまったく無視することはできなかったはずだ。そこでまずは、インド仏教の伝統重視（あるいは前例踏襲主義）の姿勢を確認してみよう。

最初に取り上げるのは〈城邑経《じょうゆうきょう》〉だ。これはブッダが真理の〝発明者〟ではなく〝発見者〟であることを強調し、ブッダ以外にも過去に仏がいたという過去仏思想を説く経典である。ブッダ以前にも仏は存在し、その過去仏たちが辿った道を辿っていくと、自分も過去仏と同じ真理を発見したとブッダは説く。では、実際の内容を紹介する。

比丘たちよ、たとえば人が荒野の林叢をさまよっていると、過去の人々が辿った古道・古径を発見したとしよう。彼はそれに従いながら進むと、園林を具《そな》え、森を具え、蓮池を具え、城壁に取り囲まれて麗しく、過去の人々が住んでいた古き都城・古き王都を発見したとしよう。比丘たちよ、その人が王あるいは王の大臣に報告したとしよう。

「王よ、申し上げます。私は荒野の林叢をさまよっていると、過去の人々が辿った古道・古径を発見しました。私はそれに従いながら進むと、園林を具え、森を具え、蓮池を具え、城壁に取り囲まれて麗しく、過去の人々が住んでいた古き都城・古き王都を発見しました。王よ、その〔ような〕王都をお築きになられますように」（中略）

比丘たちよ、ちょうど同じように、私は過去の正等覚者《しょうとうがくしゃ》たちが辿った古道・古径を発見したのである。また比丘たちよ、過去の正等覚者たちが辿った古道・古径とは何か。それは八正道《はっしょうどう》である。比丘たちよ、まさにこれは過去の正等覚者たちが辿った古道・古径である。私は老死（苦）を知り、老死の原因（集）を知り、老死の滅尽（滅）を知り、老死の滅尽に至る道（道）を知った（＝四聖諦《ししょうたい》）（SN ii 105.35–106.27）。

ここでは、ブッダが過去仏たちの辿った道を発見し、これに従い、これにそって行くと、八正道と四聖諦（縁起に基づいて苦から解脱する方法）を発見したとブッダ自身が語る。つまり、この経の目的は、ブッダの見出した法がブッダだけの発見ではなく、過去の仏も共通して見出した法であることを強調し、ブッダの発見した法に伝統という価値を付与することにある。

いかなる宗教にも、伝統は重要だ。仏教は今でこそ歴史ある宗教となったが、仏教誕生当時、もちろんその歴史はまったくなく、インドの伝統宗教であるバラモン教はすでに悠久の歴史を誇る正統宗教であった。その伝統ある宗教に新興の仏教が対抗するために、歴史性（伝統）は無視できない要素であった。

今、過去仏を問題にしたので、伝統重視の傾向に関し、過去七仏にも触れておく。これを主題にした経典が初期経典の〈大本経《だいほんきょう》〉だ。この経典によれば、比丘たちの前生に関する談話をうけ、ブッダが過去七仏の生まれた時代や王都、およびその生涯を説明するが、その一番目に位置づけられるのがヴィパッシン仏である。しかしその内容は「誕生・四門《しもん》出遊《しゅつゆう》・出家・成道・梵天勧請・初転法輪」など、ブッダ自身の生涯が投影された説明がつづく。歴史の時間ではブッダが先でヴィパッシン仏が後だが、物語（宗教）の時間ではヴィパッシン仏が先でブッダが後となり、過去仏ヴィパッシンの生涯をブッダも踏襲していると説かれる。これも伝統踏襲主義の一例だ。

つぎは、インド仏教説話文献『ディヴィヤ・アヴァダーナ』の用例である。同文献は三七の独立した説話の集成だが、その第一二章は、プラセーナジット王の懇願により、ブッダが舎衛城《しゃえいじょう》で外道と神変《じんぺん》対決する話を扱う。

プラセーナジット王がブッダに「衆生を利益するために、世尊は神変をお示し下さい。外道たちの度胆を抜き、世尊は神々や人々を喜ばせ、正しき人の心を満足させて下さい」と三度懇願する。すると、サブタイトル的に「仏にはやるべき仕事が一〇ある」として、その一〇項目が列挙されるが、その一〇番目が「舎衛城で大神変を示す」なのである。これも自発的にブッダが神変を示すのではなく、「やるべき仕事として昔からそう決まっているから」という伝統に基づく行為であることを前置きしている。だからブッダは「これは如来必須の仕事である」と考え、神変の行使を決意した。

つぎに問題になるのが、その場所だ。ブッダは「過去の仏たちは、衆生を利益するために、どこで大神変を示されたのか」と考え、「舎衛城とジェータ林との中間である」と知ると、そこで神変を行使した。この場所も、過去仏の前例にならって決めている。このように、伝統重視の姿勢は仏教でも確認できる。

最後に、大乗経典から二つの用例を紹介する。最初の例は〈法華経〉であり、その序章では、過去仏たちも〈法華経〉を説いていたとされる。歴史的には大乗仏教の時代になってから創作された〈法華経〉だが、物語の時間としては、過去世《かこぜ》からずっと〈法華経〉が説示されていたと説くことで、伝統という価値を付与しようとしている。

つぎの例は〈小品般若経《しょうぼんはんにゃきょう》〉の常啼《じょうたい》菩薩である。彼は身命を惜しまず般若波羅蜜を求め、空中からの声に従い、東に向かって旅をしていたが、どこまで進めばよいのかを聞き漏らしていたことに気づき、意気消沈して嘆き悲しんだ。すると、如来が現れ、過去の如来も般若波羅蜜を求めていたこと、そして「この先のガンダヴァティーという町に行けば、お前の師匠となる法上《ほうじょう》菩薩に出逢える」と説き、彼を慰めた。般若波羅蜜は大乗仏教時代に誕生した行だが、「過去の如来も般若波羅蜜を求めていた」と説くことにより、般若波羅蜜に歴史性を持たせようとしている。これも伝統重視の例と言えよう。

二 伝統を装う革新

沙門（苦行者）文学

ここから「古い革袋に入った新しいワイン」の用例を、いくつか取り上げる。まずは本庄［1988］によりながら、沙門文学と婆羅門文学とを比較してみよう。大雑把に言えば、沙門文学が「新」、婆羅門文学が「旧」であり、後発の沙門文学が伝統ある婆羅門文学の概念を使いながら、そこに新たな思想を盛り込む用例である。

　アーリア人のインド侵入以来、古代インドの正統宗教はバラモン教だった。しかし、一〇〇〇年ほどの歳月が流れると、都市を中心に自由思想家が現れ、従来の伝統には縛られない思想を展開した。ブッダもその一人であり、ブッダ以外の自由思想家たちは「六師《ろくし》外道《げどう》」と仏典では呼ばれる。ともかく彼らは沙門（śramaṇa）と呼ばれ、伝統的なバラモン教の三つの柱（ヴェーダ聖典・祭祀・カースト制度）をことごとく否定した。

　このような時代背景に基づき、モーリッツ・ヴィンテルニッツ（オーストリアのインド学者）は、紀元前四、五世紀頃、インドにおいて「沙門」と「婆羅門」という宗教家の分類がなされるようになったと言う。婆羅門文学はヴェーダに基礎を置いており、主人公がバラモン教的な神々や聖者たちであるのに対し、沙門文学は民間の伝承により、主人公にはさまざまなカースト出身の沙門（出家苦行者）が登場する。このように、沙門文学はバラモン教と際立った対照を示すが、その源流はバラモン文献の中で徐々に形成されていったので、アンビバレント（両価性）な性格を有する。そして、パーリ語で伝承されている初期経典（ニカーヤ）はこの沙門文学の要素を含んでいると言う。以下、その具体例をみていこう。

　沙門はバラモン教の三つの柱の一つであるヴェーダ聖典を否定しているにもかかわらず、

彼らは自分たちを「ヴェーダの達人／ヴェーダを知る者」と称する。その説くところがヴェーダとかけ離れていても、主観的には「ヴェーダの学徒」であった。ただし、彼らはその内容を根本的に転換し、それが実質的に「バラモン批判」となっている。その好例が『ダンマパダ』第二六章「バラモンの章」だ。

ここでは、「人は生まれによってバラモンなのではない。いかに自己を律しているかで、バラモンであるかどうかが決まる」というように、「斯々然々なる人を、私は真のバラモンと呼ぶ」と表現する。つまり、不殺生・不妄語・不邪淫・無所有など、沙門文学共通の徳目を実践している者が「バラモン」であるというように、その概念を換骨奪胎《かんこつだったい》している。まさに古い革袋に新しいワインを注ぎ込んだ用例だ。これは、第一章で「言葉」を考察した際、能詮《のうせん》と所詮《しょせん》は同じではないことを強調したが、まさに両者は別であるからこそ、「バラモン」という言葉（能詮）に違う概念（所詮）を入れることができ、これが仏教多様化の一因となる。

ともかく、沙門たちは「バラモン」の概念を「沙門」的に置き換えた上で、「我々こそが真のバラモンである」と主張している。このように、バラモン教の伝統と沙門宗教の伝統とは断絶と連続の両面からとらえるべきであり、バラモン教における肯定的な概念を内面的に解釈し直すことによって、「形式的に肯定し、内容的に否定する」やり方は、沙門の常套手段であったと本庄は指摘する。これも本書の視点にそって言えば、インドの尚古的態度をふまえている。

「バラモン」につづいて、本庄はつぎに「沐浴《もくよく》」を取り上げる。ジャイナ教でも仏教でも、沙門文学では「沐浴者」を「真のバラモン」と呼ぶが、バラモン教では罪垢を浄める沐浴を、ジャイナ教は「水中の生命を害する」という理由で禁止し、仏教は「外面的である」という理由で有効な宗教実践とは認めない。そこで仏教はこの沐浴を象徴的に解釈し直し、つぎのように表現する。

「法（正しい実践徳目）こそが賢者中の賢者たちが称讃する、清浄無垢な戒を岸辺とする池であり、その中で真にヴェーダを知る者たちは沐浴し、体を濡らさぬままで彼岸に渡る」と。ここでも、沐浴の意味内容を転換し、ある意味ではそれを生かそうとしているのである。以上、まずは沙門文学に見られる「古い革袋に入った新しいワイン」の用例を検討した。

大乗経典の権威づけ

つぎに前田［1964a］によりながら、大乗経典を従来の経典分類方法に当てはめる形で「仏説」の権威づけをする用例をみていこう。

仏教の典籍は最終的に「三蔵（経蔵・律蔵・論蔵）」にまとめられた。すでに説明したように、経蔵とはブッダが説いたとされる教説を集成した典籍、律蔵とはブッダが制定したとされる戒律を集成した典籍、そして論蔵は経蔵と律蔵とに対して後の仏教徒たちが注釈や解釈を施した典籍である。このうち、経蔵は現在では五部あるいは四部に分類される。

南伝のニカーヤでは、長編の経典を集成した『長部』、中編の経典を集成した『中部』、テーマごとに経をまとめて集成した『相応部』、数を基準として編集した『増支部《ぞうしぶ》』、そして韻文中心の『小部』の五部である。北伝のアーガマ（阿含《あごん》）では、『長阿含経』（『長部』に相当）、『中阿含経』（『中部』に相当）、『雑《ぞう》阿含経』（『相応部』に相当）、そして『増一《ぞういつ》阿含経』（『増支部』に相当）の四部となる。

しかし、このように初期経典が五部あるいは四部に分類される前、経蔵はかつて九分教あるいは十二分教という形式で分類されていた。水野［1972: 79–86］を参考にしながら、その内容を解説すると、つぎのとおり。

①契経《かいきょう》（sūtra/ sutta）：散文からなる簡単な仏の説法
②祇夜《ぎや》（geya/ geyya）：散文の内容をさらに韻文で述べる形式
③授記《じゅき》（vyākaraṇa/ veyyākaraṇa）：問答体の解説的文章で、簡単なものを解説して詳細に

述べたもの
④伽陀《かだ》（gāthā/ gāthā）：韻文だけからなる文学形式
⑤自説（udāna/ udāna）：主にブッダが感動すべき事柄に対して自発的に発したもの
⑥如是語《にょぜご》（ityuktaka, itivṛttaka/ itivuttaka）：これには、ityuktaka と itivṛttaka の異なった二つの解釈がある。前者は特別な定型句をともなった韻文と散文の混成形式のもの、後者は過去世の出来事を単に過去世のこととして物語るもの
⑦本生《ほんじょう》（jātaka/ jātaka）：ブッダの前生物語
⑧方広《ほうこう》（vaipulya/ vedalla）：後説
⑨未曾有法《みぞうほう》（adbhutadharma/ abbhutadhamma）：不思議な出来事について述べた仏説
⑩因縁（nidāna/ nidāna）：ある説法・偈・戒律の制定などが説かれるに至った因縁を語る序文的な物語
⑪譬喩（avadāna/ apadāna）：一連の過去現在の物語で、仏弟子などの前生物語
⑫論議（upadeśa/ upadesa）：略説に対する広説を意味し、詳細な注釈的説法のこと
（この中から、⑩～⑫を除いたものが九分教《くぶんきょう》）

九分教や十二分教は、ブッダが説いた教えを形式や内容から分類したものだが、この中

の八番目が「方広（方等）」だ。初期の段階でこの語が「大乗」を意味することはなかったが、時代の変遷とともに、その意味内容に変化が生じた。前田［1964a: 389–428］によりながら、この点を整理する。

原語は、パーリ語ではvedalla、サンスクリット語ではvaipulyaであり、語形は似ているが語源は異なる。諸説あるが、前者は「vedalla＝veda（智明）＋lla（〜ある）」なので「智に関する／智の」という形容詞（パーリの伝統説）、また後者は「vaipulya＝vi＋pula（広大な）」に由来する形容詞となる。これについて前田は三つの伝統的解釈をあげるが、それをまとめるとつぎのとおり。

①問答とそれに基づく智慧と歓喜：ブッダゴーサの解釈

②広説（詳細な解説）：『大毘婆沙《だいびばしゃ》論』『成実《じょうじつ》論』『出曜《しゅつよう》経』『入大乗《にゅうだいじょう》論』（ただし、小乗のvaipulyaが「文字の広説」であるのに対し、大乗のvaipulyaは「義の広説」）

③大乗：『大智度論』『涅槃経』『瑜伽《ゆが》論』『顕揚《けんよう》論』『阿毘達磨集論』『雑集《ぞうしゅう》論』『順正《じゅんしょう》理論』

①はさておき、③は②からの転用であり、その原因は大乗経典の発達とその権威づけが原因であると前田は指摘する。つまり、大乗経典が発達するとともに、それらを九分教、

十二分教の中に編入し、仏説の法たる権威の刻印を与えようとしたが、その際、とくにvaipulya に目をつけ、②の「文字の広説」から「義の広説」の意味に転釈し、大乗経典をこれに配属させることでその権威を確立しようとしたのではないかと推論する。

たとえば、〈法華経〉は十二分教の「方広」「授記」「自説」の三つに相当するとしているし、〈大乗涅槃経〉は自らを「方広の阿含」と称している。「拡大された／広大な」を意味する「方広（vaipulya）」は十二分教の中でもっとも大乗経典と親和性のある呼称ゆえに、大乗教徒はそこに目をつけ、大乗経典を十二分教の「方広」に位置づけることで仏説としての権威づけを行おうとしたものと考えられる。

なお十二分教に関連して、もう一つ前田の研究を紹介しておこう。前田[1964b]は〈無量寿経〉が十二分教の avadāna 形式にそって制作されたと指摘する。avadāna は「かつて／昔々（bhūtapūrvam/ bhūtapubbam）」で始まる類型的な表現形式を備え、「古来より伝承せられた、過去世で始まり、過去世で終わる過去世の物語」と定義できるが、〈無量寿経〉もアーナンダの質問に答え、世自在王仏《せじざいおうぶつ》に至る過去仏の系譜を説明する冒頭がこのbhūtapūrvam（L-Sukh. 5.7）であり、これも vaipulya と同様に、十二分教の権威を借りて新出の大乗経典を従来と同じ仏説とみなそうとした結果であるとする。

このように大乗教徒たちは新出の大乗経典（「新しいワイン」）を、伝統仏教の経典分類である「方広」（「古い革袋」）に入れ、新たな思想を伝統衣装でまとったのである。

経典の枠組みの踏襲

大乗経典に話が及んだので、ここではその枠組みに関し、さらに説明を加えておく。先に見た「バラモン」や「沐浴」、そして「方広」の用例は「単語」レベルの話であったが、ここではそれをもう少し拡げ、「枠組み」のレベルで考えてみよう。

中村［1988a］は、初期経典さえ大部分は後世になってからブッダにかこつけた仏教徒の創作だと指摘するが、大乗経典は明らかに歴史的ブッダの説ではない。しかし、経典は「仏説」を標榜するので、形式的には伝統経典の枠組みから逸脱することは許されない。よって「如是我聞《にょぜがもん》」で始まる形式を踏襲するが、その内容には大きな違いがみられる。以下、その点を確認してみよう。涅槃経には初期経典と大乗経典とで二種類あるので、その冒頭部分を比較する。

初期経典：このように私は聞いた。あるとき、世尊は王舎城《おうしゃじょう》の霊鷲山《りょうじゅせん》で時を過ごしておられた（DN ii 72.2–4）。

大乗経典：このように私は聞いた。あるとき、世尊はクシナガラにあるヒランヤヴァティー川の岸辺、マッラ族〔領内〕のサーラ双樹の森で時を過ごしておられた。そのとき、世尊は八〇〇万コーティの比丘たちに取り囲まれ、恭敬されていた（D. 120, Tha 1b2-3）。

両経とも分量に差はないが、初期経典がブッダを取り巻く比丘の数に言及しないのに対し、大乗経典はその数を八〇〇万コーティとする。さりげなく「八〇〇万コーティ」と記されているが、これは「八〇兆」を意味し、現在の地球の人数をはるかに凌ぐ数となる。同じブッダの涅槃を扱う経典だが、初期経典と大乗経典とではこれだけの差が確認される。つぎに〈阿弥陀経〉の冒頭部分を紹介しよう。

> このように私は聞いた。あるとき、世尊は一二五〇人の比丘からなる大きな比丘の集団とともに、舎衛城にある祇樹給孤独園《ぎじゅぎっこどくおん》で時を過ごしておられた。彼らは非常に有名であり、長老であり、偉大な声聞であり、みな阿羅漢であった。すなわち、長老シャーリプトラ、マハーマウドガリヤーヤナ、マハーカーシャパ、マハーカッピナ、マハーカーティヤーヤナ、マハーカウシュティラ、レーヴァタ、シュッディパンタカ、ナンダ、アーナンダ、ラーフラ、ガヴァーンパティ、バラドゥヴァージャ、カーロー

ダイン、ヴァックラ、アニルッダ、およびその他の多くの偉大な声聞、それから多くの菩薩大士、すなわち文殊師利法王子《もんじゅしりほうおうじ》、阿逸多《あいった》菩薩、乾陀訶提《けんだかだい》菩薩、常精進《じょうしょうじん》菩薩、不休息《ふくそく》菩薩、およびその他の多くの菩薩大士、それから帝釈天・梵天、およびその他の多くの百千万の天子たちであった（S-Sukh. 92.4–16）。

ここでは、ブッダの会座に参加する人数は一二五〇人であり、伝統的な経典の数とまったく同じだが、その中身はシャーリプトラらの伝統的な仏弟子に加え、菩薩の参加が確認される。さりげなく、仏弟子に並んで菩薩たちを登場させているのだ。このほかにも〈法華経〉のように、冒頭で「このように私は聞いた。あるとき、世尊は王舎城の霊鷲山に一二〇〇〇人からなる比丘の大集団とともに時を過ごしておられた」につづき、会座に参加した菩薩たちの徳を長々と説明する経典もある。

このように大乗経典は伝統的な枠組み（「古い革袋」）を使いながらも、その中に従来にはなかった描写（「新しいワイン」）を盛り込み、独自性を主張する。さきほどの「八〇〇〇万コーティ」もそうだが、大乗経典では規模が格段に大きくなることがある。その一例として広長舌相《こうちょうぜっそう》の描写をあげ、本章を終わろう。

これは三十二相（ブッダと転輪聖王《てんりんじょうおう》のみが持つ身体的特徴）の一つであり、ブッダの舌は広くて薄いので顔全体を覆うことができると初期経典では説明される。これだけでもすごいが、大乗経典の〈阿弥陀経〉になると、ブッダの長広舌は顔全体どころか「三千大千《さんぜんだいせん》世界を覆う（偏覆《へんぷ》三千大千世界）」と表現され、格段に規模が大きくなる。

このように大乗経典は、その枠組みに関しては伝統をしっかりと踏襲しながらも、その規模（内容）に関しては格段に飛躍させ、革新的要素を盛り込んでいるのである。

第四章　インド仏教の多様化

本章ではインド仏教の多様化を扱う。最初に大乗経典、次に密教、最後は大乗仏教独自の思想（中観・唯識・如来蔵）を取り上げる。大乗経典の量は膨大で、その内容は多様だが、基本的には仏伝を踏襲しているという点で共通する。密教は大乗仏教の流れを汲むが、ヒンドゥー教との習合で特異な思想を展開した。さらに、中観・唯識・如来蔵は大乗仏教になってから誕生した思想だ。しかし、それは忽然と姿を現したのではなく、それまでの伝統仏教の思想を発展する形で誕生した。本章ではその経緯を整理する。

一．大乗経典の創作

大乗経典

大乗経典は伝統仏教の経典の枠組みを踏襲しているが、その内容は伝統仏教の枠を超え、その表現は宇宙論的でさえあった。表現内容だけを単純に比較すると、伝統仏教の経典が次第に発展して大乗経典ができあがったとは思えない。よって、従来、大乗経典がいかに創作され、いかに誕生したかは研究者の関心事であった。大乗経典の誕生に関しては、さまざまな視点があり、単一の要因には絞り込めないが、私は大乗経典の誕生に仏伝が大きく関与したと考えている。

たしかに表現内容には大きな開きがあるが、基本的に大乗経典は仏伝のどこかに焦点を当てて創作されている。濃淡はあるが、そこが大乗経典の共通項であり、その中でももっとも忠実に仏伝を下書きにして創作されたのが〈法華経〉だ。「如是我聞」といった形式面もさることながら、水面下でも仏伝という枠組みを踏襲している。なぜか。

伝統仏教が阿羅漢の覚りを目指すのに対し、大乗仏教は成仏を目指す。つまりブッダと同じ仏になることを目標とする。それにともない、仏になる前の修行の段階、つまり菩薩の思想も重要になる。こうして、まずは菩薩となって修行を積み、その結果、最終的に仏になることを目指すとすれば、仏教の開祖ブッダにその範をとるのがもっとも自然だ。こうして、大乗教徒には仏伝が重要な意味を持つことになる。実際にブッダはどのような生き方をして仏になったのか、それが明らかになれば、その同じ道を辿って自分たちも菩薩から仏になることができると大乗教徒は考えた。

では具体的に、主要な大乗経典を「仏伝」という枠組みからとらえ、大乗経典が仏伝をふまえて創作されていることを確認していく。大乗経典によって仏伝の反映度に濃淡はあるが、何らかの形で仏伝のある部分や全体を視野に入れて大乗経典は作られている。まずは仏伝の主要な事項を三世に分けてまとめると、以下のようになる。

・過去世：燃灯仏授記《ねんとうぶつじゅき》→菩薩時代の修行
・現在世：誕生→出家→修行→降魔《ごうま》→成道→初転法輪→布教→涅槃
・未来世：仏滅後

このうち、主要な大乗経典が仏伝のどこに焦点を当てているかをまとめると、以下のとおり。

・燃灯仏授記に始まる成道とブッダの救済：〈無量寿経〉〈阿閦仏国経《あしゅくぶっこくきょう》〉
・本生《ほんしょう》菩薩の追体験：〈郁伽長者所問経《いくがちょうじゃしょもんきょう》〉〈護国尊者所問経〉〈十地経《じゅうじ》〉
・降魔成道：〈八千頌《はっせんじゅ》般若経〉などの般若経典
・成道に至る手段・方法：〈首楞厳三昧経《しゅりょうごんざんまい》〉〈三昧王経〉〈般舟三昧経《はんじゅ》〉
・成道直後のブッダの情景：〈兜沙経《としゃ》（華厳経）〉

・ブッダの般涅槃：〈大乗涅槃経〉
・仏伝全般：〈法華経〉

詳細については、すでに平岡［2015］でまとめたが、本章では主要なもののみをピックアップして紹介しよう。とくに〈法華経〉は全体の構図が仏伝を下敷きにしており、大乗経典の中でももっとも色濃く仏伝を反映している。ここではまず〈無量寿経〉と〈阿閦仏国経〉を取り上げ、最後に〈法華経〉をみていこう。

燃灯仏授記の大乗的変容1：〈無量寿経〉

大乗仏教の特徴は成仏思想にあるが、成仏のための過程は仏教の開祖ブッダに範をとる。だから菩薩は仏に授記（予言）され、それをふまえて菩薩行に励むのだが、救済者となる現在他方仏も、ブッダにならって成仏するのが基本だ。では、その典型例として〈無量寿経〉をみてみよう。極楽浄土の主である阿弥陀仏も、最初から仏として存在していたわけではない。成仏する前、彼は法蔵菩薩だったのであり、菩薩として兆載永劫《ちょうさいようごう》の修行を重ねた結果、阿弥陀仏となった。そしてその修行の起点が、世自在王仏のもとで立てた誓願である。

その誓願を実現するため、法蔵比丘は悠久の時間をかけて菩薩行を実践し、ついに阿弥陀仏となる。法蔵比丘が阿弥陀仏の前で誓願を立て、長時の修行のすえ、ついに覚りを開いたという話は、燃灯仏授記（釈迦菩薩が燃灯仏の前で誓願を立て、修行の結果、今生で覚りを開いて仏となったという話）とパラレルであることは明白だ。つまり、〈無量寿経〉の「法蔵比丘と世自在王仏」の関係は、燃灯仏授記の「釈迦菩薩と燃灯仏」の関係に置換可能なのである。

ところでこの法蔵比丘だが、彼がブッダの投影であることを主張するには、彼がブッダと同様にクシャトリア出身であるのが望ましい。しかしインド原典をみるかぎり、彼がクシャトリア出身であることを明記していない。そこで漢訳に注目してみよう。法蔵比丘の登場場面を漢訳年代の古い順に並べるとつぎのとおり。

『大阿弥陀経』「そのとき、世に大国王あり。王、仏の経道を聞き、心即ち歓喜し、解を開き、便《すなわ》ち国を棄て、王を捐《す》て、行じて沙門となり、曇摩迦《どんまか》と字す」（T. 362, xii 300c19–21）

『無量清浄平等覚経《むりょうしょうじょうびょうどうかくきょう》』「世《せ》饒王《にょうおう》、経道を聞き、歓喜して解を開き、便ち国位を棄て、行じて比丘となり、曇摩迦留《どんまかる》と名づく」（T. 361, xii 280a27–29）

『無量寿経』「時に国王あり。仏の説法を聞き、心に悦予を懐き、尋ねて無上正真道《むじょうしょうしんどう》意を発す。国を棄て、王を捐て、行じて沙門となり、号して法蔵と曰う」（T. 360, xii 267a16–17）

『大宝積経《だいほうしゃくきょう》・無量寿如来会《にょらいえ》』「かの仏の法中に一比丘あり。名づけて法処《ほっしょ》と曰う」（T. 310, xi 92c27）

『大乗無量寿荘厳《しょうごん》経』「法中に一苾芻《ひっしゅ》あり。名づけて作法と曰う」（T. 363, xii 318c7–8）

傍線部分からわかるように、『大阿弥陀経』『無量清浄平等覚経』『無量寿経』の三経は彼を「王（クシャトリア）」とし、ブッダを意識していると考えられる。漢訳年代が新しい『大宝積経・無量寿如来会』と『大乗無量寿荘厳経』は梵本に一致し、王には言及しない。時代が下ると、初期の意図が忘れられてしまったのかもしれない。ともかく、初期の段階では法蔵を「王」とし、彼がブッダの投影であると考えて大過ない。

燃灯仏授記の大乗的変容２：〈阿閦仏国経〉

つぎに、阿閦仏を取り上げる。ブッダがシャーリプトラに、阿閦仏の過去物語および彼の仏国土である妙喜《みょうぎ》（Abhirati）世界の様子を説くのが〈阿閦仏国経〉だ。極楽とは逆の東方に妙喜国があり、そこには大目仏《だいもくぶつ》が出現したが、ある比丘は「衆生に怒りの心を起こさない」と誓い、実際にそれを実行したので、彼は阿閦（不動）と呼ばれるようになった。彼は大目仏の前で、さまざまな誓願を立てるが、これも〈無量寿経〉と同様、「阿閦菩薩と大目仏との関係」は「釈迦菩薩とディーパンカラ仏との関係」に置換可能である。〈阿閦仏国経〉は阿閦菩薩の出自に言及しないので、彼がクシャトリア出身かどうかは不明だが、逆に〈無量寿経〉にはなかった興味深い記述が同経に見出せる。阿閦菩薩が誓願を立てると、ある比丘が彼に「今、立てた誓願が真実なら、右手の指で大地を按じ、大地を震動させせよ」と言う。彼がそうすると、大地は六種に震動し、それをうけて大目仏は彼に成仏の記別を授けた。

この右の指で大地を按ずるという「触地印《そくちいん》」は、ブッダが大地の女神に降魔成道を証明させたという故事に基づく。成道直前のブッダにマーラが「汝が覚りを開くことを誰が知るのか」と詰め寄ると、ブッダは「私の覚りを証明せよ」と右手で大地を指さすと地神が出現し、ブッダの証人になったという。インド仏教美術にも取り上げられる仏伝の伝承（宮治［2010:330 ff.］）がここに採用されている。さらに興味深いのは、成仏の記別が授けられたあとの奇瑞の説明だ。ブッダはシャーリプトラに告げる。

シャーリプトラよ、そのとき、大目如来・阿羅漢・正等覚者は、かの阿閦菩薩に、「善男子よ、お前は未来世において、阿閦と呼ばれる如来・阿羅漢・正等覚者・明行《みょうぎょう》足《そく》・善逝《ぜんぜい》・世間解《せけんげ》・調御丈夫《ちょうごじょうぶ》・無上士《むじょうし》・天人師《てんにんし》・仏・世尊になるだろう」と授記（予言）された。シャーリプトラよ、ちょうどディーパンカラ如来（燃灯仏）が私に無上正等菩提を獲得するだろうと授記されたように（D. 50, Kha 11b6–12a2）。

このように、〈阿閦仏国経〉では〈無量寿経〉と違い、ブッダは燃灯仏授記を引き合いに出して阿閦菩薩への授記を説明しているので、阿閦菩薩に対する大目如来の授記が仏伝の燃灯仏授記をベースにしていることは明白である。

大乗経典は燃灯仏をどう利用したか

ではここで、伝統仏教では始原の仏としてブッダに記別を授ける重要な役割を持つ燃灯仏が、大乗経典においていかなる位置づけにあるのかを考えてみよう。伝統を重視するインド人からすれば、それを頭ごなしに否定することは想定できない。かといって、伝統をそのまま踏襲すれば、新たな教え（大乗）を説けない。結論を先に言えば、伝統をふまえながらも、古い価値観を相対化し、新たな価値観を提示したことになる。古い革袋に新しいワインを入れるのである。

大乗経典における燃灯仏の役回りを考える前に、まずは伝統仏教における燃灯仏の位置づけを簡単に整理しておこう。伝統仏教の枠組みの中でも、過去仏をめぐって多様化が確認されるからだ。ブッダの覚りおよび覚った法を権威づけ、歴史性を持たせるために過去仏思想および過去七仏思想が誕生したことはすでに説明した。

過去七仏思想にやや遅れて、過去二五仏思想が誕生する。これには燃灯仏の誕生が大きく関与し、過去七仏思想とはまた違った思想基盤の上に過去二五仏思想が展開したものと考えられる。これによれば、過去二五仏の始原の仏が燃灯仏であり、過去七仏はその最後の七仏、すなわち一九番目〜二五番目に位置づけられる。このように後発の思想は先発の思想を取り込んで相対化し、新たな価値を創造していくが、これと同じ現象が大乗経典でも確認できるのである。

大乗経典でも、その歴史性を担保するために過去仏を利用し、その中で燃灯仏にも言及するが、おおむね大乗経典ではその燃灯仏を〝始原の仏〟とは考えず、さらにそれよりも昔に過去仏を何人も設定することで、その経典の教えの歴史性・正統性を強調しようとする。逆に言えば、大乗は新しい教えであるからこそ、歴史性にこだわる必要があったため、伝統仏教では始原の仏とされる燃灯仏のさらに過去世に過去仏を設定せざるをえなかった。

では、その典型例をいくつかみてみよう。

まずは〈般舟三昧経〉から。その第九章では、燃灯仏の前に三仏を設定し、燃灯仏は成仏する前の過去世において、この三仏から般舟三昧を受持し、それを修して成仏したことを説く。つづく第一〇章では、その燃灯仏からブッダが般舟三昧を受持して成仏の記別を授かったことが説かれる。このように、燃灯仏の前に三仏を置くことで伝統仏教の価値観を相対化し、また燃灯仏授記に関連させて般舟三昧を説くことで、般舟三昧の歴史性を担保し、またそれを成仏の要因とすることで般舟三昧を称揚しようとしていることが理解される。

つぎは〈無量寿経〉の用例だが、その冒頭部分では、阿弥陀仏の過去物語を説くにあたり、ブッダは対告者のアーナンダにこう告げる。

アーナンダよ、かつて過去世において、今より無数のさらに無数の量ることもできず、考えることもできない広大な劫《こう》を隔てた遠い昔、その時その折に、ディーパンカラ（燃灯）という如来・阿羅漢・正等覚者が世に現れた。アーナンダよ、ディーパンカラのさらに昔には、プラターパヴァットという如来がいた。（以下、七〇名を超える過去仏が列挙され、過去に遡る）シンハマティという〈如来がいた〉。アーナンダよ、シンハマティのさらに昔には、世自在王（ローケーシュヴァララージャ）という如来・阿羅漢・正等覚者・明行足・善逝・世間解・無上士・調御丈夫・天人師・仏・世尊がこの世に現れた。また実にアーナンダよ、如来・阿羅漢・正等覚者の世自在王が法を説いたとき、法蔵（ダルマーカラ）という比丘がいた。〔彼〕は卓越した記憶力を持ち、理解力があり、智慧を具え、精進に邁進し、広大な信を持っていた（L-Sukh. 5.7–6.27）。

こうして燃灯仏の時代をはるかに遡る過去世に、世自在王仏と法蔵比丘が出会う場面が設定される。ここでも燃灯仏以前に七〇人を超える過去仏を配置することで、まず伝統仏教の価値観を相対化し、また燃灯仏よりも古い阿弥陀仏の歴史性を担保している。さらに、この「世自在王仏と法蔵菩薩」の関係が「燃灯仏と釈迦菩薩」の関係に置換可能なことは、すでに述べたとおりである。

最後に〈法華経〉を紹介しよう。その序章では〈法華経〉の歴史性を担保するために燃灯仏が利用される。はるか遠い大昔、日月灯明《にちがつとうみょう》という名の如来が世に現れた。彼は声聞のために四聖諦や十二因縁の経説を説き、また菩薩には六波羅蜜《ろくはらみつ》を説いた。彼の後、同じ日月灯明という名の如来が次々と二万人現れ、やはり声聞には四聖諦や十二因縁、菩薩には六波羅蜜を説いた。この相続の最後の日月灯明如来には、出家する前にもうけた八人の王子がいたが、彼らも出家した父に従って出家した。そのとき、今のブッダと同じく、日月灯明如来が「無量義」と呼ばれる法門を説示し、その後、結跏趺坐《けっかふざ》して「無量義処《むりょうぎしょ》」と呼ばれる三昧に入ると、白毫《びゃくごう》から一筋の光明が放たれ、その光明が東方に向かって一万八〇〇〇の仏国土を照らしだした。

さて、その如来の衆会《しゅえ》には妙光という菩薩がいた。日月灯明如来は彼に妙法蓮華の法門を説いて六〇中劫《ちゅうこう》が過ぎると無余涅槃界に般涅槃《はつねはん》したが、その前に日月灯明如来は吉祥《きちじょう》胎《たい》菩薩に成仏の記別を授ける。そして仏滅後は、妙光菩薩が八〇中劫の間、この法門を護持し、説示した。一方、その八人の出家した王子は妙光菩薩の弟子になり、多くの仏に仕えて最後には無上正等菩提を証得したが、その中の最後が燃灯仏であるという。

ここでも、燃灯仏は始原の仏の座を日月灯明如来に譲り、自らは「その他大勢の過去仏の一人」という地位に甘んじる。ここでも、伝統仏教の価値観を相対化し、〈法華経〉では始原の仏と位置づけられる日月灯明如来が妙光菩薩に妙法蓮華の法門（つまり法華経）を説いたとすることで、〈法華経〉の歴史性を担保しようとしている。

〈法華経〉と仏伝

では〈法華経〉の序章の用例を紹介したところで、いよいよ伝統的な仏伝の枠組み（「古い革袋」）を全面的に利用しながら、一乗思想という新たな法門（「新しいワイン」）を宣揚する〈法華経〉を分析する。詳しくは平岡［2012］に譲り、ここでは序品から如来寿量《にょらいじゅりょう》品《ぼん》までの内容が仏伝にどう対応するかを簡略に示す。

序品《じょほん》：これはまさに〈法華経〉の幕開けとなる序章であるが、仏伝という形式的な視点から序品をみれば、これは仏伝の燃灯仏説話に相当する。というのも、〈法華経〉はここで燃灯仏に言及しているからだ。燃灯仏はブッダが修行する起点に位置づけられる仏であり、過去仏の第一に位置する仏であるが、〈法華経〉ではこの燃灯仏よりもさらに遠い過去世に日月灯明如来という新たな仏を位置づけることで、旧来の燃灯仏は相対化され、第二次的な役割しか演じていない。つまり、燃灯仏を起点とする仏教の歴史が、ここでは日月灯明如来を起点とする〈法華経〉の歴史に置き換わっているのである。

方便品《ほうべんぼん》：ここではシャーリプトラがブッダに〈法華経〉の説法を三度懇願し、それを受けてブッダが「三乗方便一乗真実」の教えを説き明かすというのであるから、これが仏伝の梵天勧請《ぼんてんかんじょう》と初転法輪《しょてんぽうりん》に相当するのは明白であり、この点については従来の研究者も指摘するところである。

譬喩品《ひゆほん》：方便品の説法がここでは「今日ふたたび、世尊は第二の最高なる法輪を転じられた」（SP 69.13）と位置づけられているが、方便品が仏伝の初転法輪に相当し、またこの説法を聴いたシャーリプトラに成仏の記別が与えられる。これが仏伝におけるカウンディンニャの覚りに相当することも容易に理解できるし、これについても従来の研究者の認めるところである。

信解品《しんげぼん》〜授記品《じゅきほん》：この後、〈法華経〉はシャーリプトラの成仏の授記を受け、カーシャパ、スブーティ、カーティヤーヤナ、そしてマウドガリヤーヤナに対してもブッダは成仏の記別を授ける。シャーリプトラの成仏の授記がカウンディンニャの覚りに相当するなら、シャーリプトラを含めたこの五人の声聞に対する成仏の授記はまさに仏伝の五比丘の覚りに相当しよう。

五百弟子授記品《ごひゃくでしじゅきほん》：この後、ブッダから成仏授記を受けるのがプールナであるが、これは仏伝のヤシャスの覚りに相当する。またここでは、プールナに続いてカウンディンヤが成仏の授記を受けるが、これは仏伝におけるカーシャパ兄の教化《きょうけ》と覚り（成《じょう》阿羅漢）に相当する。仏伝ではカーシャパ兄に続いて彼の二人の弟もブッダに教化され阿羅漢となるが、これに相当する記述は〈法華経〉にはない。しかし、〈法華経〉がこの点を意識していると考えられる根拠として、カウンディンヤへの授記の後、五〇〇人の阿羅漢に対しても授記がなされ、その中に「ガヤーカーシャパ、ナディーカーシャパ、ウルヴィルヴァーカーシャパ、カーラ、カーローダーイン、アニルッダら」(SP 207.3-4)が含まれている点をあげることができる。

授学無学人記品《じゅがくむがくにんきほん》:さらにここでは、アーナンダとラーフラおよび二〇〇〇人以上の有学・無学の声聞に成仏の授記がなされるが、これは仏伝のシャーリプトラとマウドガリヤーヤナの帰仏および覚り(成阿羅漢)に相当する。ただし仏伝は二人の従者を二五〇人とするが、〈法華経〉は二〇〇〇人とする点が異なる。

提婆達多品《だいばだったぼん》:この品が後代の付加であることは研究者によって広く認められているが、しかし付加する場合にも仏伝は強く意識されていたと考えられる。なぜなら、仏伝で比丘シャーリプトラがデーヴァダッタの破僧に関して重要な役割を演じていることを考えると、挿入場所はシャーリプトラの出家に相当する授学無学人記品より後で、かつ破僧はブッダ在世当時の出来事とされるから、仏伝の入滅に相当する如来寿量品よりは前でなければならないが、まさに現行の提婆達多品は仏伝を意識し、ふさわしい場所に収まっていると言える。

勧持品《かんじほん》:ここではプラジャーパティーとヤショーダラーに成仏の記別が授けられるが、これは仏伝のカピラ城帰郷に相当しよう。こうして、授記の締めくくりは、シャーキャ族出身の女性で、なおかつ出家した養母プラジャーパティーと妻ヤショーダラーの二人となる。

如来寿量品：ここではブッダの般涅槃がテーマとなる。〈法華経〉ではブッダの般涅槃も方便ととらえられ、実際には涅槃に入らないと説かれるが、少なくともここでのテーマが涅槃であることは間違いない。

こうしてみると、梵天勧請・初転法輪・カウンディンニャの覚り（成阿羅漢）のみならず、如来寿量品の涅槃に至るまで、一貫して〈法華経〉の成仏授記と仏伝の成阿羅漢とが対応していることがわかる。そして、ここに〈法華経〉作者の経典作成の意図が隠されていると考えられよう。大乗経典は大なり小なり仏伝を下敷きに創作されているが、これほど仏伝に意識的なのは〈法華経〉だけだ。

多様化する涅槃観

つぎに、涅槃の問題を取り上げよう。涅槃は仏教の最終目標であり、煩悩の働きがすべて消滅した覚りの境地を意味する。語源に関しては諸説があるが、蠟燭の火（煩悩）が吹き消された状態を指すとも言われる。そこに至る方法はともかく、涅槃は最終目標であるから解釈の多義性はないように思われるが、実はそうではない。伝統仏教の段階ですでに、涅槃は二つに分けて考えられた。有余《うよ》涅槃と無余《むよ》涅槃とである。

この場合の「余」とは「肉体の残余」という意味なので、有余涅槃とは「肉体の残余がある涅槃」、無余涅槃とは「肉体の残余がない涅槃」を意味する。つまり有余涅槃とはブッダが三五歳で覚りを開いた状態を指す。「心の涅槃」と言い換えてもよい。一方、無余涅槃とはブッダが八〇歳で入滅した状態を指す。「身心の涅槃」である。

三五歳で覚りを開き、精神的には解脱しても、肉体を有するかぎり、さまざまな制約を受ける。蚊に刺されれば痒くなるし、転倒すれば怪我をして血も出る。病気をすれば、苦痛も味わう。死して肉体から解放されたとき、このような一切の苦からも解脱することになるので、このような状態がさらに理想的であるとみなされるに至った。かくして、伝統仏教は涅槃を有余涅槃と無余涅槃とに分けて説いた。

その背景には、業報《ごうほう》輪廻の思想が体系化されたことも影響しているだろう。ブッダが輪廻を認めたかどうかは即断を許さぬ問題だが、ブッダは輪廻を問題にしなかったと並川[2005]は推定する。しかし、仏滅後の仏教が輪廻を前提に教理を体系化していることは明白だ。それによれば、人間として生まれたことは有漏業《うろごう》（煩悩のある業）の果報であり、覚りを開いた人（ブッダ）は無漏《むろ》業（煩悩のない業）を積み、もはや有漏業を積むことはないが、過去の有漏業の果報としての身体はまだ残ることになる。

毛糸玉で説明しよう。毛糸玉が坂道を転げている様子を想像してほしい。これが輪廻だ。毛糸玉の毛糸の量が決まっていれば、転げ回っているうち、毛糸がなくなった時点で転がるのは終わりを迎えるが、残念ながら衆生の毛糸玉は有漏業のせいで自己増殖するので、いつまでたっても転げ落ちることは終わらない。

一方、覚れば自己増殖は終わるが、残った毛糸の分だけは最後まで転げ落ちなければ回転は終わらない。ブッダの場合、それは四五年分あったということになる。こうして業報輪廻の思想が体系化される中で、覚りを開いても肉体を有しているかぎりは過去の有漏業の制約を受けると考えられ、その有漏業の残余がすべてなくなり、肉体からも解放された時点で、より完全な状態に入ると考えられるようになった。こうして、伝統仏教の段階で涅槃は二つに分けられたが、大乗仏教になるとさらに新たな涅槃が考案される。それが無《む》住処《じゅうしょ》涅槃だ。

大乗仏教の特徴は利他行にあるが、利他を強調すれば、自分だけ覚りを開いて輪廻から解脱した状態に入ることは許されない。自分の覚りを後回しにしても、他者を救済することが理想とされる。大乗教徒からすれば、伝統仏教の有余涅槃であれ無余涅槃であれ、他者を置き去りにしている点で両方とも否定される。覚りを目指すかぎり、世俗に留まり俗事に拘泥《こうでい》することが許されないのはもちろんだが、そうかといって俗世間を離れ、涅槃界に安住することも許されない。かくして「無住処涅槃（智慧あるがゆえに生死《しょうじ》に住せず。慈悲あるがゆえに涅槃に住せず）」が理想の状態と考えられた。

とすれば、当初は輪廻を超越するために修行して涅槃を目指していた仏教が、衆生を救済するためにあえて輪廻に身を置く仏教へと変身した。輪廻に身を置くといっても、それは「業報によって仕方なく」ではなく、「衆生救済のために願って」ということになるので、伝統仏教の業報思想に戻ったわけではない。こうして涅槃観も輪廻をめぐって大きく解釈が変わった。ダライラマが観音菩薩の化身と考えられている背景には、この無住処涅槃の理想がある。

このほかにも、伝統仏教と大乗仏教との涅槃観の間には大きなギャップが存在する。大乗経典で涅槃を大々的に論じるのは〈大乗涅槃経〉だが、そこでは涅槃の常楽我浄説《じょうらくがじょうせつ》が説かれる。伝統仏教では有為法《ういほう》に対して常（nitya）・楽（sukha）・我（ātman）・浄（śubha）の思いを抱くことが「四顛倒《してんどう》」として斥けられるが、〈大乗涅槃経〉は、これを肯定するようになる。その背景には何があったのか。

〈大乗涅槃経〉は仏身の常住を説くことを使命とした。般涅槃で姿を消したブッダを取り戻すべく、大乗経典は法身を軸に仏身の常住を謳ったが、とりわけ〈大乗涅槃経〉はブッダの涅槃を意識した経典ゆえに、ブッダの死（涅槃）に象徴される〝有限性〟を否定し、仏身常住《ぶっしんじょうじゅう》という〝無限性〟を確立する必要、つまりブッダの死をめぐる伝統仏教の見方を根底から覆す必要があったと推定され、そう考えれば、この常楽我浄説も「伝統仏教の価値観の転覆」という点で仏身常住説と根底ではつながっている。大乗経典は、伝統仏教の価値観を多かれ少なかれ反転させるべく創作されている。

二　密教の誕生

真言

大乗仏教の後期には、仏教とヒンドゥー教との習合により密教が誕生した。ヒンドゥー教は「「ヴェーダ」の影響を受けながらも、土着の宗教の影響を受けた宗教・思想・文化の複合体」と定義される（松濤［1980: 48］）。ここでは、仏教外部のヒンドゥー教に強く影響を受けた密教の多様化の典型例を、ほんの一部ではあるが紹介したい。

まずは真言を取り上げよう。そのヒンドゥー教との混淆《こんこう》によって誕生した密教は、バラモン教以来の言語観に大きく影響を受け、陀羅尼《だらに》・真言・マントラという、言葉に実体（霊力）を認める考え方が誕生した。ヒンドゥー教の母胎となったバラモン教の言語観については第一章で取り上げたが、それをふまえ、ここでは密教の真言に至る仏教の言霊《ことだま》化について、その変遷を整理する。

何事にも「理想と現実／本音と建前」の区別はある。仏教本来の立場は外的環境の如何にかかわらず、出家して自らの内面と向きあいながら修行し、最終的に苦からの解脱を目指すから、俗事にかかわることは基本的に禁止される。出家者が呪術や神変《じんぺん》（超能力によって生みだされた超自然的現象）を行使することはブッダによって禁止されたが、仏典には例外的な記述も目につく。

生産活動に従事しない出家者たちは、衣食住を在家信者の布施に頼った。だから、世俗（社会）との関係を完全に断ち切れず、その結果、在家信者や社会の要請に応じる必要性から出家者も俗事にかかわった。出家者がパリッタを唱えて悪霊を退治したり、病人を治癒したり、また雨乞いをする話も後期のパーリ文献に散見する（片山［1979］）。パリッタ（paritta）は pari√trā（守護する）に由来し、さまざまな厄難から身を護るための呪文を意味するので、「護呪《ごじゅ》」とも漢訳されるが、出家者はパリッタを唱えることで霊能者的な役割も演じていた。

パリッタの呪法は言葉に霊力を認める考え方を前提とするが、これとならび、真実語（satyavacana）の用例も指摘しておく。これは真実を言葉で表現することで、その祈願が叶うとされる。つまり、真実は「言葉」として発せられることで効力を発揮する力を持つと信じられていた。これも言葉に実体を認める用例であり、この真実語はパリッタに組み込まれることもあった（奈良［1973］）。

このように伝統仏教の段階で、仏教の言霊化は傍系として水面下で静かに進行していたが、大乗仏教になると、これは陀羅尼として顕在化し、菩薩の称える徳として重視される。では氏家［2017a; 2017b］や平川［1989］によりながら説明しよう。後代、陀羅尼は真言と同様に「呪文」を意味するようになるが、本来、両者の意味内容は同じではなかった。「陀羅尼」とはdhāraṇīを音訳したもので、dharmaと同じ√dhṛ（保つ／保持する）から派生した語だから、「保持するもの」つまり「記憶（力）」を意味する。「経法を忘れずに保持し記憶すること」が陀羅尼の原意だった。よってdhāraṇīは「総持／能持」とも訳される。

陀羅尼の原意が「記憶（力）」だとすれば、記憶すべき教法は誰から聞くのか。それは仏からであり、その仏と出会うために禅定《ぜんじょう》波羅蜜（般舟三昧《はんじゅざんまい》）による見仏体験が必要とされた。禅定によって仏に見え、その仏から教法を聞いて記憶に留める。では何のために教法を記憶するのか。それは法を説くためだ。『首楞厳三昧経《しゅりょうごんざんまいきょう》』には「陀羅尼を得て弁才を成就し、楽説すること無尽なり」（T. 642, xv 629b13–14）と説かれ、また陀羅尼と無礙《むげ》（無辺）弁才とはセットで説かれることもある。この流れは「見仏（般舟三昧）→聞法《もんぽう》（陀羅尼）→説法（弁才）」と整理できよう。

つぎに、記憶（陀羅尼）の対象となる教法の内容について考える。それは、重要な教法で、なおかつ記憶しやすい内容になっていなければならない。こうして記憶すべき内容は、凝縮され洗練され、結果として言霊化し、真言の色彩を帯びてくる。「理法（真理）」そのものは言葉などの一切の表現を超越しているが、「理法を表現した言葉」は「単なる言葉」とは異なる。陀羅尼の内容の価値が高まると、「理法を表現した言葉」は「理法」に限りなく近接し、ついに両者は同化する。これが真言だ。こうして陀羅尼は真言に吸収され、「真言陀羅尼」が成立する（これに対し、本来の陀羅尼は「聞持《もんじ》陀羅尼」という）。

密教の基本的な行は三密（＝身《しん》・口《く》・意《い》の三業《さんごう》）と呼ばれ、手に印契を結び（身業）、口に真言や陀羅尼を唱え（口業）、心を三摩地《さんまじ》（samādhi）の境地に入らせる（意業）ことをいうが、印契が真理（理法）を形に凝縮したものならば、それを音に集約したものが真言や陀羅尼だ（松長［1991］）。

音や言葉は意味内容を伝達する単なる手段ではなく、それ自体に不思議な威力が備わっているという信仰は「言霊信仰」と呼ばれ、日本の宗教の言霊信仰も「ある言葉を語ると、その言葉がその言葉の意味内容を実現させる力を持つ」と考えるから、世界的にみると、言葉は単なる記号ではなく、実体を持つとする考え方の方が主流であろう。

大日如来

密教の主尊は大日如来だが、大日如来の源泉はそれ以前の大乗経典に求められる。それは〈華厳経〉に説かれる毘盧遮那仏《びるしゃなぶつ》だ。「毘盧遮那」の原語は「光り輝く」を意味するVairocana の音訳だが、「大日」の原語は Mahā-vairocana であり、mahā（大きな）という形容詞が付された意訳である。というわけで、歴史的には毘盧遮那仏の発展系が大日如来ということになる。

では田中［2020］に基づき、その成立を整理してみよう。〈華厳経〉は大部の経典であり、その成立にもかなりの時間を要したが、その初期の段階で成立した部分をみると、毘盧遮那仏は本来ブッダの異名だった。ブッダガヤの菩提樹のもとで覚りを開き、法と一体となったブッダを「光り輝く（毘盧遮那）」と形容したことに始まる。しかし、成立の遅れる部分をみると、時間的には過去・現在・未来の三世、空間的には十方《じっぽう》（四方四維＋上下）の諸仏を統合する宇宙的な仏と考えられるようになる。そして、三身説が説かれるようになると、ブッダ（釈迦牟尼仏《しゃかむにぶつ》）は応身《おうじん》、毘盧遮那仏は報身《ほうしん》に配された。

〈華厳経〉の成立以降、「ヴァイローチャナ（毘盧遮那）」の名前は、中後期大乗経典ではほとんど現れず姿を消すが、密教の時代を迎えると、「ヴァイローチャナ」は「マハー」を冠し、「マハーヴァイローチャナ（大日）」となって、ふたたび仏教の主役の座に躍り出る。その復活に大きな役割を果たした経典こそ、胎蔵《たいぞう》界曼荼羅を説く〈大日経〉だ。

つぎに、頼富［2007］の説明を紹介しよう。頼富は〈華厳経〉の毘盧遮那仏を、覚りそのものを象徴した法身と理解し、宇宙に遍満する法身の毘盧遮那仏が十方において同時に存在していると考える。さきほどの説明で言えば、これは〈華厳経〉の成立の遅い部分に基づく理解である。これをふまえ、頼富は〈大日経〉と〈金剛頂経《こんごうちょうぎょう》〉において、毘盧遮那仏からの発展系である大日如来の性格をつぎのように整理する。

〈大日経〉の大日如来は〈華厳経〉の毘盧遮那仏を意識しながらも、法身という抽象的な概念に留まらず、曼荼羅に出現し、衆生と仏の等質性を提起するという、いわば〝作用〟を伴う法身として密教化した。一方、〈大日経〉にやや遅れて成立し、より密教的に整備された〈金剛頂経〉は、二種の大日如来を設定する。一つは時空を超えて大宇宙に遍満する法身としての摩訶毘盧遮那仏（大大日如来）、もう一つはそこから出現して曼荼羅の中心に位置づけられる報身としての毘盧遮那（金剛界大日如来）である。

〈華厳経〉の毘盧遮那仏は法身（形而上）の性格を持つが、その一方で、密教に取り込まれ、曼荼羅の主尊としても位置づけられる大日如来は報身（形而下）の性格も持たねばならない。よって、密教化した毘盧遮那仏（＝大日如来）はアンビバレントな性格を持つ仏となる。こうして大日如来は展開し、その性格は変容していった（平岡［2022b］）。

明王

苦からの解脱を目指す仏教は苦の原因となる欲望や煩悩の制御を目指すが、密教はその欲望の力を逆手にとり、逆にその力を利用して覚りを目指す。よって、密教は性的な行為を認め、性的な行法を修行に導入することもある。この理屈に従えば、「怒り」さえも抑制の対象ではなく、衆生を教化する力として活用される。明王の特徴はその憤怒相にあり、不動明王に代表されるように、明王は仏教に帰依しない者や仏教に敵対する者たちに憤怒の相を現して威嚇し、調伏する役目を担う。したがって、その姿は背後に火炎を従え、髪は怒りで逆立ち、さまざまな武器を手にして表現される。

では、明王とはいかなる存在か。明王は仏の化身とされる。たとえば、不動明王は大日如来の化身だ。密教は仏が教化する対象に合わせて三種類の姿をとると考える。すなわち、自性輪身《じしょうりんしん》（本来の姿）、正法輪身《しょうぼう》（正法を護持するためにとる菩薩の姿）、そして教令輪《きょうりょう》身（もはや菩薩の身を以てしては度し難い衆生を導くためにとる、憤怒相の明王の姿）であり、これを「三輪身《さんりん》」という。

明王には不動明王のほかに、降三世《ごうざんせ》明王、大威徳《だいいとく》明王、金剛夜叉《こんごうやしゃ》明王、そして軍荼利《ぐんだり》明王などがいるが、いずれも仏の教令輪身とされる。彼らの役目は衆生の教化であるから、菩薩と同等にみなしてもよいと思われるが、その対象は衆生の中でも導きがたい衆生であるから、自ずとその相は「憤怒」となるので（下松［1987］）、これがこの尊格を菩薩とみなすには大きな障壁となったと考えられる。

伝統的に仏や菩薩の本性は「慈悲」として定着していたので、衆生教化のためとはいえ、憤怒相を現した尊格を「菩薩」とみなすには抵抗があり、仏の化身、すなわち「明王」という新たな呼称が誕生したと推定される。明王という存在はそれまでの仏教にはない尊格だったから、明王は仏教の多様化を象徴する密教の産物と言えそうだが、何の前触れもなくインド仏教思想史上に登場したわけではない。大乗仏教の空思想もその誕生に大きく貢献した（平岡［2022b］）。

空思想に基づけば、相対立する概念の境界が曖昧になり、「即」で関連づけられてしまう。たとえば、「生死即涅槃」や「煩悩即菩提」はその典型例だ。とすれば、従来の仏教では抑制すべきものであった人間の欲望や感情も肯定的にとらえなおす機会が生まれる。同じ「火」も、インドでは「煩悩」を象徴することもあれば、逆に「智慧」を表すこともある。涅槃が「燃えさかる煩悩の火が吹き消された状態」、智慧が「煩悩を焼き尽くす火」に喩えられることからも首肯《しゅこう》されよう。

同様に「怒り」も、通常は「三毒（貪《とん》〔貪り〕・瞋《しん》〔怒り〕・痴《ち》〔無知〕）の煩悩」の一つとして抑制すべき対象となるが、相手によってはそれが教育的効果をもたらすことも我々は経験的に知っている。このようにして、忿怒相を特徴とする明王は、菩薩とは違った役回りで衆生を救済する尊格として位置づけられた。ここにも仏教の多様化を確認できよう。

三．大乗仏教の新たな思想

ここからは新たに樹立された大乗仏教の哲学を、多様化という観点からみておく。取り上げるのは、中観・唯識・如来蔵という三つの思想である。いずれも伝統仏教にはなかった思想であり、第三章（九四頁）の分類で言えば、「新しい革袋に入った新しいワイン（新たな思想を新たな言葉で表現）」に相当する。しかし、そこで使われる用語も思想も新しいとはいえ、伝統をまったく無視して説かれているわけではない。そこに注目しながら、いずれの思想も伝統仏教の思想を大乗仏教的に大胆に脱皮させたこと、換言すれば、その萌芽は伝統仏教にあることを確認していく。では中観《ちゅうがん》思想から。

中観

空

中観思想では「空／中道／二諦説」を取り上げる。まずは「空（śūnya/śūnyatā）」からだが、これは伝統仏教の経典でも少ないながら説かれており、用語自体は中観や大乗の創作ではない。では最古層の初期経典『経集《きょうしゅう》』第五章の用例を紹介しよう。

常に〈自己に〉思いを凝らし、自我に執着する見解を打ち破って、世間を空として観察せよ。そうすれば、死を超越することができよう。このように観察する人を、死王は見ることができない（Sn 1119）。

傍線部分から明らかなように、無我説に基づいて空の観察が説示されている。この中の「世間を空として」という言説の内容は、『相応部』では「我と我所（我に属するもの）」であると説かれ、具体的には「六根《ろっこん》・六境・六識」などの一つひとつに、我および我所がないことがブッダによって説明される。苦からの解脱を目指す仏教は苦の原因を執着に認めるので、我や我所に執着すべき本質・本性がないこと（実体を欠いていること）を「無我」あるいは「空」で強調する。初期経典では「空」という用語はそれほど使われないが、「無我」や「五蘊仮和合《ごうんけわごう》（人間は五つの要素が仮に和合したものであり、そこに永遠不変の実態があるわけではない）」という表現がこれを代弁している。

しかしアビダルマ仏教は我（人）の空（無我）を説くものの、法（客観的存在）の空は説かなくなってしまった。なぜか。たとえば有力な部派であった説一切有部《せついっさいうぶ》は無我を論証するために存在を精緻に分析していった結果、これ以上分析できないところまで行き着き、それを「実有《じつう》」として認めてしまったからである。中観哲学はこれを徹底的に批判し、説一切有部の「我空法有《がくうほうう》」に対して「我法倶空《がほうぐくう》／人法二空《にんぽうにくう》」の立場をとった。

中観哲学はこの空を縁起と同一視する。『中論』は「およそ縁起したものを空であると我々は説く。それはまた仮設されたものであり、これこそ中道である。いかなる存在も縁起しないものはないから、空でない存在は何もない。およそ、縁起をみる者は苦《く》・集《じゅう》・滅《めつ》・道《どう》をみる」と説く。これも龍樹なりの縁起の新たな解釈と言えよう。

中道

つぎは「中道」に注目する。中道とは初転法輪、つまりブッダ最初の説法に見られる経説だ。五比丘に対してブッダは「快楽主義も苦行主義も苦の滅には役に立たない。私はこの両極端を捨て去って中道の立場をとった。これこそが衆生を苦の滅に導くのである」と前置きし、その中道の具体的な中身を「八正道《はっしょうどう》」と説示する。よって、伝統仏教の中道とは「実践道」を意味する。

一方、中観哲学の中道はこれとは異なる。『中論』では八つの誤った見解を打破し、正しい見解を得ることを説く。これを一般に「八不中道《はっぷちゅうどう》」といい、「不生《ふしょう》・不滅・不断・不常・不一《ふいつ》・不異・不去・不来《ふらい》」と表現される。このように、初転法輪の中道（八正道）は中観哲学では八不中道に変身する。数字を「八」（「古い革袋」）に統一してはいるが、その内容はまったく別物になっているので、前者は「行（実践）の中道」、後者は「理（理論）の中道」と区別することもある。

二諦説

最後に二諦説を取り上げる。「勝義（paramārtha/paramattha）／世俗（saṃvṛti/sammuti）」の用語自体は初期経典で説かれるが、「二諦説」という教理はなかった。二諦説は中観哲学で創作された用語だが、その考え方自体は伝統仏教に存在する。それは初転法輪直前の説法の躊躇であった。言葉の限界に気づいていたブッダは言葉（能詮／教法）で真理（所詮／理法）を伝えることを躊躇したが、言葉がコミュニケーションの有力な手段であるなら、それを駆使する以外に手立てはない。こうしてブッダが真理を言葉に託して伝えたことはすでにみた。これを『中論』第二四章第八偈《げ》～一〇偈は以下のように表現する。

諸仏は二諦によって法を説く。世俗諦《せぞくたい》と勝義諦《しょうぎたい》とである。この二諦の区別を知らないならば、仏説の深い真実は知りえない。勝義は言語表現（世俗諦）によらなければ説かれない。勝義に到達しなければ、涅槃には到達できない（MMK 492.4–5, 494.4–5, 12–13）。

煩悩を有する人間はその言葉（能詮／教法）に執着し、その言葉の指し示す真理（所詮／理法）に到達できないことを心配し、ブッダは筏の喩えを説いて、言葉化された真理（教法）に執着することの非を懇切丁寧に伝えることも忘れなかった。二諦説は中観哲学の新たな教理として誕生したが、その萌芽は伝統仏教にあることを確認した。

唯識

心の重視

唯識とは「唯《た》だ識のみ」を意味し、識（正確には「表象作用」）ですべてを説明する思想だ。アビダルマは「心／意／識」の三つを同義語とするが、この中で伝統仏教は「心」を重視するので、仏教が心を重視していた点を確認する。ただし、その前に唯識の前提となる思想がすでに最初期のブッダの仏教に確認できるので、まずはこの点を取り上げる。並川の功績についてはすでに本書で紹介してきたが、これについても、saṅkhāra に関する並川［2022］の研究が参考になるので、紹介しよう。

この語は非常に難解であり、後には五蘊や十二支縁起の一支となるが、並川は五蘊などに取り込まれる前の原意に迫ろうとする。並川によれば、この語の原意は人間の存在が自ら「つくり出すもの／つくり出すこと」を意味し、すべての現象は客観的な根拠によってつくり出されるのではなく、すべては「私」がつくり出しているという。この原意も含め、最初期の仏教では、すべてを自分の問題としてとらえる姿勢が共通して説かれており、苦楽もすべては自らの主体的な問題として説かれていると並川は指摘する。

このように、最初期においてこの語は思想性を含まず、あくまで純粋な宗教実践の立場から説かれたようだが、教理化が進み、また心が重視されるようになると、その現象世界をつくり出す主体として「心」が想定されるようになる。では初期仏教における心重視の傾向を見ていこう。

仏教は人間の行為（業）をさまざまな観点から議論するが、その一つに「三業《さんごう》」がある。これは行為を身体のどこで行うかで三つに分類したもので、身《しん》業（身体的行為）・口《く》業（言語表現）・意《い》業（思惟）を指す。そして仏教はこの三業のうち、意業を重視する。なぜなら、意業は身業と口業とに先だって働く行為だからだ。考えてから話し、考えてから行動する。川の上流ともいえる意業が汚れていれば、下流に位置する口業も身業も汚れてしまう。これを端的に表現したのが『法句経《ほっくきょう》』の第一偈と第二偈だ。

物事は総て心に基づき、心を主とし、心からなる。もしも汚れた心で話したり（口業）、行ったり（身業）するならば、苦しみがその人に付き従う。車を引く牛の足跡に車輪がついていくように。

物事は総て心に基づき、心を主とし、心からなる。もしも浄らかな心で話したり（口業）、行ったり（身業）するならば、楽しみがその人に付き従う。影がその身体から離れないように（Dhp. 1–2）。

仏教は執着を離れ、真理を知見して覚りを開き、苦からの解脱を目指すから、物事の認識の仕方が極めて重要になってくる。だから心が重視される。心の持ち方（ものの見方）次第で覚りを開くこともできれば、輪廻に流転することにもなる。初期経典の『相応部』に「心が汚れているから衆生は汚され、心が浄《きよ》らかであるから衆生は浄まる」とあるのが、これを端的に示している。この教えは大乗経典の『維摩経《ゆいまぎょう》』の「其の心浄きに随いて、則ち仏土浄し」につながっていく。

三性説《さんしょう》

これをさらに発展させたのが、唯識思想だ。唯識思想は、阿頼耶識《あらやしき》をはじめ、伝統仏教にはない多くの用語を作り出したが、ここではまず「三性説」を取り上げよう。これは存在のあり方を認識主観とのかかわりから分析したもので、つぎの三つをいう。

①依他起性《えたきしょう》：縁起によって成り立っている姿
②遍計所執性《へんげしょしゅうしょう》：真実の姿（縁起）を誤って認識すること
③円成実性《えんじょうじつじょう》：真実の姿（縁起）を正しく認識すること

ここでは三つが並列されているが、その定義をみれば、三者の関係が見えてくる。①は認識の対象（客観）、②と③は認識する側（主観）の問題ということになる。つまり、ここでは縁起を正しくみるかどうかが問われており、それによって迷いの世界に入るか、覚りの世界に入るかが分かれるのである。とすれば、これは伝統仏教の四法印《しほういん》の構造とまったく同じであることがわかる。では四法印を確認してみよう。

①諸行無常《しょぎょうむじょう》：すべて作られた者は無常である（時間的側面の縁起）

②諸法無我《しょほうむが》：すべての存在は無我（空）である（空間的側面の縁起）
③一切皆苦《いっさいかいく》：すべては皆、苦である
④涅槃寂静《ねはんじゃくじょう》：涅槃（覚りの境地）は寂静である

この四法印も並列的に理解するのではなく、構造化して理解するとわかりやすい。つまり、縁起を時間的にみれば諸行無常であり、空間的にみれば諸法無我だが、これを如実に認識しなければ一切皆苦の世界（生死輪廻）に陥り、如実に認識すれば涅槃寂静の世界に入るとみるのである。そうすれば、三性説と四法印が重なって見えてくる。つまり、依他起性は諸行無常と諸法無我の両方を含んだもの、遍計所執性は一切皆苦、そして円成実性は涅槃寂静に相当する。ただし認識主観である「識」に思点を置き、迷いと覚りの道程の分岐を明確にしている点は、唯識思想の独自の視点である。

阿頼耶識

つぎに唯識思想の白眉とも言うべき阿頼耶識について解説する。伝統仏教では人間の識を六種に分類した。眼《げん》識・耳《に》識・鼻《び》識・舌《ぜっ》識・身《しん》識・意識の六識である。唯識はこの六識の深層に第七識として末那《まな》識、さらには第八識として阿頼耶識を立てた。末那識は前六識の根底で蠢《うごめ》く自我意識（これは第八識を誤って自我と思い込む）、そして阿頼耶識はすべての経験がストックされる蔵のような最深層の意識だ。

人間の行動は前六識だけでは説明がつかない。前六識がすべてなら、つまり意識がすべてを制御できるなら、人間は「思わず口に出てしまった／思わず手が出た」という行動はとらないはずだ。しかし、我々は意識を超えたところでも行動することがある。たとえば、酒を飲んで意識は飛んでいても、タクシーを拾い、自分の家の鍵を開け、自分の布団で寝ることもできる。このような行動は、意識のさらに深層で何らかの意識が働いていると考えなければ説明がつかない。

ただし、唯識の第八識はそのような日常生活を説明するために考案されたわけではない。では阿頼耶識を考案した目的は何か。我々が経験したことは「種子《しゅうじ》」として阿頼耶識に蓄積される（現行薫種子《げんぎょうくんしゅうじ》）。そしてそれが将来、何らかの刺激（新たな種子が阿頼耶識に入ってくること）を受けて、新たな行動を現す（種子生現行《しゅうじしょうげんぎょう》）。この種子の出入りが我々の生活の実態であると唯識思想は考える。悪業を積めば、悪（有漏）なる種子が阿頼耶識に蓄積し、阿頼耶識を蝕む。一方、ブッダの教えを聞き（これを聞薫習《もんくんじゅう》」という）、修行を実践すれば、善（無漏）なる種子が阿頼耶識に蒔かれ、それが阿頼耶識を質的に転換させる要因となる。

悪（有漏）なる種子を減少させ、善（無漏）なる種子を増加させることで、阿頼耶識の依り所が変化してくるが、これを「転依《てんね》（依り所を転じる）」という。つまり、依り所が「識」から「慧」に転じられるのであり、これを「転識得智《てんじきとくち》（識を転じて慧を得る）」という。その結果、眼識から身識までの五識は「成所作智《じょうしょさち》」に、意識は「妙観察智《みょうかんざっち》」に、末那識は「平等性智《びょうどうしょうち》」に、そして阿頼耶識は「大円鏡智《だいえんきょうち》」に転換される。

このように、阿頼耶識の転依を土台にして全八識がすべて智慧（四智）に変換される。唯識思想は覚りと迷いの根拠として阿頼耶識という無意識を見出し、それをもとに仏道修行を体系化していった。

如来蔵

自性清浄心《じしょうしょうじょうしん》

ブッダの人間観は行為論に基づく。つまり人間の価値は生まれによってではなく、行為によって決まると考えた。ブッダは自分と同じように修行すれば、誰でも解脱できると考えたのである。カースト制度が当たり前の古代インドにあって、ブッダの人間観は極めて特異であったに違いない。この平等の人間観に論理的基礎を与えたのが、伝統仏教の「自性清浄心」であり、大乗仏教になってからさらにこの考えを発展させたのが如来蔵思想なのである。ではまず、如来蔵思想の前提となった自性清浄心を説明しよう。たとえば『増支部』では、つぎのように説かれる。

比丘たちよ、この心は明浄だが、それは客塵煩悩《きゃくじんぼんのう》によって汚されている。無聞《むもん》の凡夫はそれを如実に知らないので、無聞の凡夫は心を修していないと私は言う。この心は明浄だが、それは客塵煩悩から解脱している。有聞《うもん》の聖なる弟子はそれを如実に知っているので、有聞の聖なる弟子は心を修していると私は言う（AN i 10.11–18）。

凡夫の心も聖者の心も、心自体は清浄だが、客たる煩悩によって汚されている点では同じである。だが、それを如実に知って心を修するか修しないかで、煩悩に汚されたままか、煩悩から解脱するのかの違いが生ずる。よって「心性本浄《しんしょうほんじょう》・客塵煩悩」は存在論的な心の迷悟の問題ではなく、認識論的な問題であると平川［1982］は言う。『増支部』の段階では「心」とだけあり、「心の性（prakṛti）」という表現はみられないが、伝統仏教の論書である『舎利弗阿毘曇論《しゃりほっあびどんろん》』には、先の『増支部』を引用して、こう説く。

心性は清浄なり。客塵の為に染めせられる。凡夫は未だ聞かざるが故に、如実に知見すること能わず。亦た心を修すること無し。聖人は聞くが故に如実に知見し、亦た心を修する有り。心性は清浄なり。客塵の垢を離る。凡夫は未だ聞かざるが故に、如実に知見すること能わず。亦た心を修すること無し。聖人は聞くが故に、能く如実に知見す。亦た心を修する有り（T. 1548, xxviii 697b18–22）。

伝統仏教の時代には、部派によって心性本浄説に対するスタンスは一定ではなく、肯定的な部派もあれば否定的な部派もあったが、ともかく大乗仏教の基底をなす心性本浄説は大乗興起以前にたしかに存在した。また、この説は大乗仏教では、菩提心として展開し、さらに万人に成仏の可能性（仏性）を認める如来蔵思想へと発展したのである。

では高崎［1982］に基づき、如来蔵思想を簡単にまとめておこう。中観や唯識と違い、如来蔵は学説の系譜を辿れても、その主唱者の人脈はまったく知られない。よって、学説としての独自性は歴史的に認められるが、学派を形成するには至らなかった。

如来蔵

さて「如来蔵」という用語だが、これは「如来の胎児／如来を蔵するもの」の意で、すべての衆生には仏と同じ本性があり、それが衆生の将来における成仏を可能ならしめているという意味で、「仏の因／仏となる因」と説明される。さらに、如来蔵は「その如来と同じ本質（仏性）が隠れて見えない（所有者当人がまだ知らない）」、あるいは「無知と煩悩に纏わりつかれているから見えない」という衆生の現状を示す含みも持っている。『如来蔵経』所説の要点をまとめると、つぎの四点になる。

①煩悩所纏《ぼんのうしょてん》の衆生のうちに、如来智・如来眼を具えた如来が端坐している
②如来はその汚れなき如来の法性《ほっしょう》を観察して、我が身とそっくりだと言う
③法を説いて内なる如来を浄化させ、如来の働きを顕わしめる
④「一切衆生が内に如来を蔵している」ということは普遍妥当の真理であり、如来が出現してもしなくても常に変わりはない

さて如来蔵で重要なのは、如来蔵の「蔵（garbha）」が「胎児」を意味する点だ。この譬喩に基づけば、仏は産婆役であり、その懐胎を教えて取り上げるが、これを育てるのは衆生自身である。菩薩は法を聞いて自ら修行し、それによって如来になるのである。「如来蔵（仏性）」という言葉自体は伝統仏教の仏典には確認できず、したがって大乗仏教時代の創作であることは間違いないが、その基本的な考え方自体は、伝統仏教の「自性清浄

心」に起源を有し、ブッダが求めた人間の平等性をシャープな言葉で言語化したと言っても過言ではない。

本章では、インド仏教の多様化を「古い革袋に入った新しいワイン／新しい革袋に入った新しいワイン」という観点からながめ、その具体例を紹介した。とくに後者の用例は「脱皮」という譬喩がぴったりであり、中観・唯識・如来蔵の各思想そのものは伝統仏教には直接トレースできないが、その基本的な考え方は伝統仏教の思想に確認でき、それを大乗仏教の立場から大胆に脱皮させた。こうして新たに生まれ変わり、多様化した仏教が中国に将来されると、さらに仏教は大きく変容し、多様化していく。

第五章　中国仏教の多様化

インドから中国に仏教がもたらされると、さらに仏教は大きく変容する。というのもインドと中国では文化が著しく異なるからだ。気候風土もさることながら、文字の体系が両者でまったく違っている。中国人はインドから将来された仏典を自国の中国語に翻訳し、それに基づいて独自の仏教を構築した。また中国仏教の特殊事情である教相判釈《きょうそうはんじゃく》も仏教の多様化を促進した。ここでは教学面を代表して天台と華厳、実践面を代表して禅と浄土教を取り上げる。

一．天台

三諦説《さんたい》

では『法華経』を重視する天台の思想からみていこう。ここでは天台教学の大成者である智顗《ちぎ》の教学を中心に解説する。最初に取り上げるのは、「空《くう》・仮《け》・中《ちゅう》」の三諦説だ。これは中観思想の二諦説（世俗諦・勝義諦）をさらに発展させたものであるから、中国の天台法華思想の体系が空の思想を土台に成立していることがわかる。では、その淵源となる龍樹《りゅうじゅ》の『中論』の原文を確認してみよう（中村［1980］）。これは以下の『中論』第二四章第一八偈に基づく。

いかなる縁起も、我々はそれを空と説く。それは仮に設けられたものであって、それはすなわち中道である（MMK 503.10–11）。

鳩摩羅什《くまらじゅう》はこれを「衆因縁《しゅいんねん》の法を我は即ち無なりと説く。亦た是れ仮名と為す。亦た是れ中道の義なり」と漢訳し、これに若干の変更が加えられ、「因縁所生《しょしょう》の法を我は即ち空なりと説く。亦た是れを仮名と為す。亦た是れ中道の義なり」という表現が中国では一般化する。この方が原文に近く、天台宗や三論宗はこれを用いる。この偈が中国天台宗の祖とされる慧文《えもん》禅師（南北朝時代・生没年不詳）に注目され、天台宗ではこれを「空・仮・中」の三諦を示すものとされ、「三諦偈」と呼ばれるようになる。

天台宗はこの三諦説を、「因縁によって生じたものは空であるが、これは仮にそう表現しただけなので、空を実体視してはならない。その空をさらに空じた（＝否定した）ところに中道の境地が現れる」と伝統的に解釈してきた。インド仏教の文脈でこの偈を解釈すれば、この「空・仮・中」はすべて〝縁起の同義語〟として扱われ、天台的な解釈はインドにはなかったが、智顗の新たな解釈により、龍樹の二諦説は天台教学では三諦説として新たな命を吹き込まれた。「古い革袋」を少しだけ大きく修繕し（二諦から三諦へ）、そこに「新しいワイン」（空・仮・中）を注いだことになる。

　こうして生まれ変わった三諦説は、天台の観法に取り込まれると、「三諦円融《さんたいえんにゅう》／一心三観《いっしんさんがん》」として理論化される。空観《くうがん》とは「一切法は無自性で実体がなく空であると観じること」、仮観《けかん》とは「空ではあるが、仮の現象としては存在すること」、そして中観とは「空観と仮観とは別物ではないと観じること」を意味し、この三諦はそれぞれ個別ではなく、究極的には三諦が相即無礙《そうそくむげ》で円融の状態にあることを「三諦円融」といい、それを一心のうちに同時に観ずることを「一心三観」という（平岡 [2020a]）。

　この三観は、三諦説に『菩薩瓔珞本業経《ようらくほんごうきょう》』（偽経《ぎきょう》）の「従仮入空《じゅうけにゅうくう》／従空入仮《じゅうくうにゅうけ》／中道第一義」という三観を応用して誕生したと田村 [1970] は指摘する。「従仮入空（仮より空に入る）」とは仮（主客分離の現象面）から入って空（主客不二《ふに》の真実相）に入ること、「従空入仮（空より仮に入る）」はその空に留まらず、「空もまた空」と理解して現象界に戻ってくること、そして「中道第一義」とは従仮入空にも従空入仮にも拘泥しない両観双存の理想の観法ということになる。『中論』では同義の「空・仮・中」が、天台では空と仮の止揚として中が位置づけられた。このように、一つの思想は他の思想の影響を受けて化学反応を起こし、多様化することもある。

十如是《じゅうにょぜ》

つぎに、十如是を取り上げよう。この智顗の教学は存在のあり方を規定し、それに基づいて全体的な世界観を形成する。その際に重要になるのが十如是だ。その出典は鳩摩羅什訳『法華経』「方便品《ほうべんぼん》」にあるので、まずはそれを確認する。

唯だ仏と仏と乃《すなわ》ち能く諸法の実相を究尽したまえり。所謂諸法の如是相《にょぜそう》・如是性・如是体・如是力・如是作《さ》・如是因・如是縁・如是果・如是報・如是本末究竟《ほんまつくきょうとう》等なり(T. 262, ix 5c10–13)。

如是は一〇項目並ぶので十如是といわれる。如是相は外なる様相、如是性は内なる性質、如是体は外相と内性とを合わせた全体、如是力は潜在的能力、如是作は潜在的な作用、如是因は直接的原因、如是縁は間接的原因、如是果は因縁によって生じた結果、如是報は結果が事実となって外に現れ出ること、そして如是本末究竟は第一から第九までの如是が関連しあって一貫していることを意味する。この十如是が一貫した法として一切の事物に具わり、それを支える規範となっていると言えるし、逆にみれば、一切の事物の具体的なあり方が十如是ということになり、これが諸法実相と理解される。

これはこれで素晴らしい考え方だが、この鳩摩羅什訳には問題がある。というのも、これがインド原典の忠実な漢訳ではないからだ。原典の記述を確認してみよう。その和訳は、次のとおりである。

如来こそ一切の現象をまさに知っているのだ。すなわち、(1)それらの現象が何であるか、(2)それらの現象がどのようなものであるか、(3)それらの現象がいかなるものであるか、(4)それらの現象がいかなる特徴を持っているのか、(5)それらの現象がいかなる本性を持っているのか、ということである (SP 30.3–5)。

インド原典の当該箇所をみれば、五つの項目しか説かれておらず、原典に忠実な訳ではない。十如是はそれまでに立てられていた事物の存在や生起についてのカテゴリーを鳩摩羅什が集めて補整し、整合したものではないかと田村 [1970] は推定する。ということは、智顗は不正確に漢訳された『法華経』の記述に基づき十如是の思想を展開したことになるので、本来ならその思想の正当性は疑問視されなければならない。

しかし、変容の理由は問題ではない。問題は「変容した教えが理法の器たりえているか、そしてそれが時機相応であるか」にある。生物の突然変異では、なぜそれが変異したかは重要ではなく、その変異が環境に適したものかどうかが重要となる。環境に適していれば生き残るし、そうでなければ生き残れない（自然淘汰）。

同様に、変異の理由がどうであれ、それが理法を如実に表現しており、時代性と地域性にかなっていれば教法として存続する。その意味で、十如是が今日まで継承され、重要な思想でありつづけているのは、それが理法の器として機能し、時機相応たりえているからだ。このような誤訳に基づく解釈も、理にかなっていれば生き残ることができる。これも多様化を推進した要因と考えられよう。

ところが、十如是はここで終わらず、さらなる展開を遂げる。それが三転読《さんてんどく》だ。智顗は十如是を三諦（空・仮・中）にあてはめ、転読する。転読とは、「如是相」を例にとると、「是相如《ぜそうにょ》／如是相／相如是《そうにょぜ》」というように、読みを三様に転じて解釈することをいう。つまり、「是相如（是の相も如なり）」は空、「如是相（是の如きの相）」は仮、そして「相如是（相も是の如し）」は中に配当される。

一念三千《いちねんさんぜん》

天台にはさらに「一念三千」という重要な思想がある。一念（一瞬の思い）はよいとして、三千とは何か。まずは算出の根拠から説明しよう。これには十如是も関連するが、十如是はすでに説明したので、十界《じっかい》および十界互具《ごぐ》について説明する。

仏教では輪廻の領域を六種（五種もある）に設定する。下から地獄・餓鬼・畜生・阿修羅・人間・天である。これに、大乗仏教の修行階梯《かいてい》の声聞《しょうもん》・独覚《どっかく》（縁覚《えんがく》）・菩薩・仏が加わると、全部で十界となる。では十界互具とは何か。これを理解するには、まず善悪の二元論を天台教学がどう考えたかを理解する必要がある。

『法華経』の一乗思想に代表されるように、『法華経』を重視する天台教学は、二項対立の統合を図るので、善悪の二元論も不二として統合していく。智顗は善悪不二を前提とし、独自の善悪相即論を展開した。つまり智顗は、善と悪とは互いに助け合いながら存在し、善（悪）に即して悪（善）があると説いた。これに基づき、十界の一々がそれぞれ十界を具するという十界互具の考え方が出てくるが、一見したところ、これには問題があるように見える。それは両極、すなわち地獄が善（仏）を具足する場合と、仏が悪（地獄）を具足する場合だ。

キリスト教と違い、仏教の地獄は永遠の住処ではない。悪業の果報が尽きれば人間にも再生するし、人間に再生すれば覚る可能性もあるので、地獄にも善の欠片は存在する。では、仏に悪が存在するとはどういう意味か。仏に悪の実践（修悪《しゅあく》）はないが、仏は悪の性質（性悪《しょうあく》）までも捨て去ったわけではない。むしろ、性悪があることで極悪人の心情も理解でき、それが救済という慈悲にもつながる。その意味で仏にも性悪はあるとする。こう理解すれば、十界互具は整合性のある思想と認められよう。

これに関し、少し脇道に逸れるが、十界互具を傍証するインド仏教説話の事例を簡単に紹介しておく。一つは地獄の衆生が善を具する事例、もう一つは仏が悪を具する事例だ。前者の典型例であるデーヴァダッタはサンガを分裂（破僧）させたことで有名だが、それが原因で無間地獄に堕ちる。堕ちる瞬間、シャーリプトラの勧めで「南無仏」と称えようとしたが、「南無」と称えたところで地獄に堕ちた。しかし、その功徳で、悪業がすべて尽きた未来世において独覚になるとブッダから授記される。

後者の例は、アヴァダーナ文献（業報を扱う説話文献）に登場するブッダの過去物語だ。ブッダが今生で足の指を怪我し、粗悪な麦飯を食べる羽目になったのは、過去世《かこぜ》での悪業によることが説かれる（平岡［2016a］）。よって、十界互具の考え方はインド仏教の文献でも確認できる。

こうして、十界がそれぞれ十界を具し、それに存在のあり方を規定する十如是との掛け算で、千という数字が導き出される。残りは三千の「三」だ。一つの存在の取り巻きを考えてみると、その主体（衆生世間《しゅじょうせけん》）と、それを構成する五つの要素（五蘊世間）、そしてその受け皿となる環境（国土世間）という三つの世間が想定できる。このすべてを掛けると「三千」という数字が算出できる（このうち、衆生世間と国土世間の二世間は伝統仏教の説であり、これに五蘊世間を加えた三種世間は〈大品般若経《だいぼんはんにゃきょう》〉の注釈書『大智度論《だいちどろん》』の説）。よって、三千とは極大の宇宙全体のあり方を表現したものといえよう。

つまり一念三千とは、ミクロ（一念）の世界とマクロ（三千）の世界が相即し、渾然一体となった状態を表現している。極微の一念に三千の宇宙全体が凝縮され、逆に三千の宇宙全体に一念が普遍するとも換言できよう。

一念三千は〈法華経〉はおろか、智顗以前の仏教思想にもまったく見られない思想であった。つまり、これは智顗の独創だ。しかし、その内容を丹念に繙けば、伝統仏教の六道説に大乗仏教の四界説、鳩摩羅什が誤訳した『法華経』の十如是、そして伝統仏教の三世間説が渾然一体となって作り出されたものである。旧来の思想をフル活用して新たな思想が誕生した例である。「新しい革袋」（一念三千）に「古いワイン」（六道説など）を数種類入れてブレンドさせ、新たな味わいのワインを創造したと表現できようか。

二、華厳

華厳経の思想

天台教学が『法華経』に基づきながらも、『法華経』にはない思想を展開したのと同様に、中国の華厳教学も『華厳経』に基礎をおきながら、『華厳経』にはない独自の思想を展開した。では、鎌田・上山[1969]を参考に『華厳経』の概略を説明することから始めよう。

〈法華経〉と違い、〈華厳経〉はさまざまな経典を寄せ集めながら中央アジアで編纂されたと考えられており、その中に含まれる「十地品《じゅうじぼん》」や「入法界品《にゅうほっかいぼん》」には梵本が存在する。仏陀跋陀羅《ぶっだばったら》(Buddhabhadra)がまず漢訳し、その後、実叉難陀《じっしゃなんだ》(Śikṣānanda)が再訳した。漢訳の巻数に従って、前者を六十華厳、後者を八十華厳という。

かなり大部の経典だが、〈華厳経〉の目的は「性起《しょうき》(仏の生命の顕現)」を説く点にある。つまり、この世界は仏の生命の現れそのものであり、衆生も本来は仏であるとみる。天台も華厳も「現実の中にこそ真理が存在する」という、中国特有の現実肯定の特徴(次節で後述)を有し、現実の世界と理想(真理)の世界を別立てしない。天台の場合はこれを「諸法実相」で表現し、華厳の「性起」に対して「性具《しょうぐ》」と称される。

しかし「衆生が本来的に仏である」と主張すれば、修行の意味が根拠を失うので、それを防ぐために「十地品（菩薩の階位）」や「入法界品（善財童子《ぜんざいどうじ》の求道《ぐどう》遍歴物語）」を説いた。本来的に仏であるからこそ、無限に修行を重ねなければならないと〈華厳経〉は説く。この経に大きな影響を受けた道元の思想もこれと通底する。

さてこの性起に基づき、〈華厳経〉の世界観についてみていこう。〈華厳経〉の主尊は毘盧遮那仏の名前（光り輝く）が象徴するように、同経が説く世界は実に神々しい。第一章「盧遮那仏品」では、ブッダが口から光明を放って十方世界を照らすと、蓮華蔵世界が顕わになる。それを中心に、さらに無数の蓮華蔵世界が存在し、その一々の世界には仏がそれぞれ安座する。この蓮華蔵世界は「蓮華蔵荘厳世界海」と呼ばれ、「仏の光明は普《あまね》く一切の世界海を照らし、この蓮華蔵荘厳世界海では一々の微塵の中に一切の法界をみることができる」と説かれる。

このように、一つの個物（微塵）の中にあらゆるもの（法界《ほっかい》）が映し出されていると説く点に〈華厳経〉の世界観の特徴があるが、これは空間のみならず時間についても言われる。「初発心菩薩功徳品《しょほっしんぼさつくどくぼん》」は「菩提心を発するとき、永遠の時間が一瞬におさまり、一瞬が永遠の時間を包む。だから一瞬を知ることで、無限の過去・現在・未来を知ることができる」、また「菩薩十住品」は「一は即ちこれ多なり。多は即ちこれ一なりと知る」と説く。この「一即多・多即一」や「一入一切《いちにゅういっさい》・一切入一」という「相即即入」の華厳思想（マクロコスモスとミクロコスモスの重層的な縁起）が展開する。

縁起思想の華厳的展開

このような複雑な思想も、もとを辿れば伝統仏教の縁起説に行き着く。そこで、伝統仏教の縁起説と華厳の縁起説とは具体的に何が違うのかを整理する。まずは、伝統的な縁起説から確認してみよう。それは、以下の定型句で表現される。

これ生ずるがゆえに、かれ生ず。これ滅するがゆえに、かれ滅す（時間）。
これあれば、かれあり。これなければ、かれなし（空間）。

前半は縁起を時間的側面から、後半は縁起を空間的側面から説明する。縁起とは因果論であり、原因と結果ですべてを説明する理論だ。時間的には、過去を原因として現在の結果が、現在を原因として未来の結果があると考える。種が地中に蒔かれ、太陽光と水が適度に与えられれば（過去の因）、芽が出て花が咲く（現在の果）。そして、さらに太陽光と水が適度に与えられれば（現在の因）、実が成る（未来の果）。時間的には、このような因果関係の中で縁起を考えることができよう。

一方、空間的な縁起はどうか。視覚的にわかりやすいのは、紙の裏表の関係だ。「表だけの紙／裏だけの紙」は存在しない。表（裏）を縁として裏（表）が存在する。表も裏も単独では存在しえず、一方は他方の助けを借りて存在する。裏表の関係だけでなく、相対する概念は「二つで一つ／不二（二つではない）」と考えなければならない。

そして伝統仏教の縁起説の典型例が十二支縁起だ。これは死という苦の原因を追求した結果、その根底に「無明《むみょう》」を見出し、その無明を滅すれば、死という苦がなくなることを縁起で説明する。その十二支とは「無明・行《ぎょう》・識・名色《みょうしき》・六処《ろくしょ》・触《そく》・受《じゅ》・愛・取《しゅ》・有《う》・生《しょう》・老死」である。そして「無明を縁として行あり。行を縁として識あり。（中略）生を縁として老死あり」として個々の間に縁起関係が成立することを説く。逆に「無明なければ行なし。行なければ識なし。（中略）生なければ老死なし」と説き、老死の苦からの解脱は無明を滅することが根本であると示す。この十二支縁起が端的に示すように、伝統仏教の縁起説は基本的に任意のAとBの二者の関係を示す概念である。

しかし、華厳の縁起説は違う。「一即多・多即一」や「一入一切・一切入一」という表現をみれば、任意の二者の関係を説いているようにも見えるが、実はそうではない。たとえば、A・B・C・Dという四者の関係を見た場合、Aの関係性はBのみに留まらず、

C・Dとも関係するので、それぞれが三つの関係を持つ。十二支縁起では無明が関係性を持つのは行のみであり、識などの他の支分とは関係しない。つまり、伝統仏教の縁起説が直線的であるのに対し、華厳の縁起は平面的、あるいは立体的である。

華厳の縁起説はネットワークである。だから〈華厳経〉ではこのような縁起を「因陀羅《いんだら》の網（帝釈天の宮殿を飾っている網）」に喩える。この網には無数の結び目があり、その結び目の一つひとつには宝珠がついており、それらは互いに互いを映し出し、しかも他の宝珠を妨げることなく存在しているという。こうして伝統仏教の直線的な縁起説は、平面あるいは立体的な関係性を説く縁起説へと多様化した。

四種法界《ししゅほっかい》

以上の理解をふまえ、〈華厳経〉の思想が中国の華厳教学へとさらに発展を遂げていく様子を確認する。ここで取り上げるのは「四種法界」だ。華厳宗は杜順《とじゅん》→智儼《ちごん》→法蔵→澄観《ちょうかん》→宗密《しゅうみつ》と師資相承《ししそうじょう》するが、この四種法界の萌芽は初祖の杜順にみられ、これを完成させたのが第四祖の澄観である。四種とは、①事法界《じほっかい》、②理法界、③理事無礙《むげ》法界、そして④事事無礙法界を指す。「事」は「現象（具体・特殊）」、「理」は「本体／本性（抽象・普遍）」を意味する。一方、「法界」は法（真理）の顕現である世界のことだが、ここではこの一切世界（全宇宙）と理解しておこう。

最初の①事法界は、個々別々の事象や現象の世界を指す。我々が常識的に認識する世界のことだ。山が聳《そび》え、川が流れ、都市にはビルが林立し、電車やバスが激しく往来する、普段我々が目にする世界のことである。我々はそれを実体視し、他とは関係を持たず個々独立してそこに確実に〝存在する〟と認識する。そうでなければ、日常生活は送れないだろう。

だが、そのような現象（事）世界は、その現象を成り立たせている真理の側からみれば、他との関係性において存在する縁起的存在であり、その本性は「無自性／空」なる存在にすぎない。これが②理法界だ。事と理は同じもので、それを迷いの世界から見るか覚りの世界から見るかで、事法界にもなり理法界にもなる。事法界とは別に理法界があるのでもなく、理法界を離れて理法界があるのでもない。

このように、現象としての事法界（千差万別の現象世界）と、本来的あり方としての理法界（縁起／無自性／空の〝一味〟の世界）とが相即円融《そうそくえんゆう》の関係にあり、事と理とは「無礙（互いに妨げ合わない）」と説くのが③理事無礙法界だ。よって、両者は同じものを違った側面からとらえただけであるから、本来的には③理事無礙法界となる。

四種法界の極意は④事事無礙法界にある。一切の現象（事）は理に裏打ちされているから、事同士も互いに妨げ合わない。こうして事事無礙法界が成立する。覚りを開いたからといって、まったく別の世界が見えるわけではない。見ている対象は同じでも、その見え方が異なってくるだけの話だ。①事法界でも④事事無礙法界でも見ているものに違いはないが、①では現象を個々別々に実体視していたため、そこには我執《がしゅう》（自我意識）や我《が》所執《しょしゅう》（所有意識）がつきまとう。だが、④の世界はいったん②と③のフィルターを通しているため、事同士は独立しながらも円融し、調和していると理解される。

これを「地球」と「そこに存在する大陸」で説明してみよう。地球上には多くの大陸が存在する。海水によって区切られ、海面上に見える個々の孤立した大陸が「事法界」。しかし直接見えないが、海面下には岩の塊がある。海水をすべて除去すれば、孤立した大陸は姿を消し、地球は一つの大きな岩の塊となる。これが「理法界」。

その大陸（事）は海水に浮いているのではなく、直接は目に見えぬ岩（理）に支えられ、両者は相即しているので、事は理の一部だ。これが「理事無礙法界」。その認識に立てば、どの大陸（事）も島（事）も大きな岩の塊（理）に吸収され、海面上に顔を出す個々の大陸同士（事と事）は等価で妨げあわない。これが「事事無礙法界」である。

相入《そうにゅう》と相即《そうそく》

さて、四種法界の③と④とに「無礙（妨げあわない）」という表現がみられた。これは「融通無礙／無尽」とも言われるが、これを説明するのが華厳宗第三祖である法蔵の相入と相即という考え方だ。相入は「用（働き・作用）」（動的）について、相即は「体（本体）」（静的）について言う。ではまず、「相入」からみていく。

相入を説明するには「共済」という考え方がわかりやすい。共済とは参加者が少しのお金を出し合い、何らかの不幸に見舞われた人に、ある一定の大きな金額が支払われる仕組みである。不幸に見舞われた人はその他のすべての人々に支えられるし、また立場が変われば、今度はその人が他者を支える側に回る。まさに「一入一切・一切入一」の世界だ。一人の働きが一切の人に入り（影響を及ぼす）、また自分が困ったときは一切の人の働きが自分一人に入ってくる（影響を受ける）。

日本の融通念仏宗《ゆうずうねんぶつしゅう》もこの華厳教学の相入に基づいた念仏を説く。これは天台宗の僧侶であった良忍《りょうにん》が提唱した念仏だ。すなわち、自分の称える念仏が一切の他者に功徳を融通し、また一切の他者の称える念仏が自分に融通されるという考え方である。念仏の共鳴共振とも言えよう。

さらにもう一つ、相入の例を紹介する。「私は全世界の人々を生かしている」あるいは「全世界の人々が私を生かしている」という言い方は違和感を与えるかもしれない。顔も見たことがない人に恩をかけられた覚えはないし、かけた覚えもないからだ。にもかかわらず、この提言はある条件のもとで正しい。どのような条件か。「私は全世界の人々を生かしている」「私が全世界の人々に危害を加えない」、一方「全世界の人々が私を生かしている」は、「全世界の人々すべてに生かされているし、私は全世界の人々すべてを生かしている。こうして「一入一切・一切入一」が成立する。私（一）の不殺生という作用がすべての人々（一切）におよび、またすべての人々（一切）の不殺生という作用が私（一）に及ぶからだ。

つぎに「相即」を考えてみよう。部分と全体を考える場合、ある部分を「主」とすれば、その他の部分はすべて「従」となる。しかしこれは固定されてはいない。別の部分が「主」となれば、さきほどまで「主」であった部分も含め、他の部分がすべて「従」となる。すべての部分が「主」を主張すれば全体は成り立たないし、逆にすべての部分が「従」になれば全体は消滅する。

これを野球の打順で考えてみよう。一番打者が打席に立てば（主）、それ以外の打者はベンチで応援する（従）。しかし、つぎに二番打者が打席に入れば（主）、それ以外の打者は一番打者も含めて主役の二番打者を応援する（従）。こうして平等に打者（主役）が入れ代わり、それぞれが順次、主と従との役割を果たす。全員が打席には入れないし、誰も打席に入らなければ試合は成立しない。個別の打者（一）はそれぞれの打順に応じてチーム（一切）を代表し（一即一切）、またチーム（一切）があるからこそ個別の打者（一）でありうる（一切即一）。

こうして、それぞれが主と従とを適切に演じれば安定や調和が生まれるが、すべてが同時に主や従を主張すれば、安定や調和は容易に崩れてしまう。これが部分と全体の相即関係だ。

以上、華厳教学の縁起に関する一面のみを取り上げて解説した。ここでは、伝統仏教の直線的縁起が〈華厳経〉において平面的あるいは立体的縁起に展開し、さらにそれは中国の華厳教学では、四種法界あるいは相入相即の世界観にまで広がっていることを確認した。こうして解釈の上に解釈が重ねられ、仏教は多様化していく。華厳思想の場合は「新たな革袋」に「新たなワイン」を入れたことになるが、そのもとになる考え方がブッダ以来の縁起思想にあることはいうまでもない。

三、禅

唐代以前の禅仏教

仏教の開祖ブッダに覚りをもたらした行は禅定だったので、インド仏教以来、禅定は行の王道に位置づけられたが、インドから中国に伝わると激しく変化し、同じ行とは思えない変貌を遂げる。では小川 [2010; 2015] を参考に、中国の禅仏教の特徴を時代別に整理し、その後、インド仏教の禅定との比較を通じて、その特徴を明らかにする。

中国禅の師資相承は、達磨→慧可《えか》→僧璨《そうさん》→道信《どうしん》→弘忍《こうにん》と次第した。このうち、三祖僧璨までは大乗経典の『楞伽経《りょうがきょう》』を奉じつつ、世を避けて禅定と頭陀行《ずだぎょう》を実践する山中の苦行者集団だったが、道信や弘忍の時代には「東山法門《とうざんほうもん》」と呼ばれる大規模な教団を形成するようになる。問題は第六祖以降だ。時の政治権力との関係もあり、第六祖を神秀《じんしゅう》とする系統（北宗）と、慧能《えのう》とする系統（南宗）の二つに分かれた（南能北秀《なんのうほくしゅう》）。その後、南宗を唱導した神会《じんね》（最初は神秀に師事するも、後には慧能に師事）の働きもあり、慧能の南宗が主流となる。

北宗と南宗の違いは、神会によれば、北宗の「漸悟《ぜんご》」に対して、南宗は「頓悟《とんご》」であるという。そして頓悟こそ達磨から慧能に継承された正統説であり、段階を踏んで心を調伏する北宗の漸悟はその正統説に背く教えと位置づけた（南頓北漸《なんとんほくぜん》）。両者の違いを最大公約数的にまとめると、それぞれ以下の三点になる。

北宗

①各人の内面には「仏」としての本質（仏性）がもとから完全な形で実在している

②しかし、現実には、妄念・煩悩に覆い隠されて、それが見えなくなっている

③したがって、坐禅でその妄念・煩悩を除去してゆけば、やがて仏性が顕れ出てくる

南宗

①各人に具わる仏としての本性（仏性）は、虚空のごとく無限定・無分節なものである

②迷いも覚りも、その虚空の上を去来する映像にすぎない。禅定によって迷妄を排除し清浄を求めることは、本来の無限定・無分節を損なう愚行にほかならない

③虚空のごとき本性には本来的に知恵が具わっており、それによって無限定・無分節なる自らの本来相をありありと自覚するのである

北宗は、自己本具の仏性の実在を確信しつつ、坐禅によって根気よく煩悩の払拭に努めるという、地道で真面目な禅を目指した。よって、北宗禅は階梯的で漸進的だったが、こ

れに異を唱えたのが神会だ。彼は「坐禅」の意味内容を変更してしまった。神会は「坐禅」を「坐」と「禅」とに分解し、坐を「念の起こらぬこと」、禅を「自己の本性を見ること」と解釈する。ここで坐禅の坐禅たる「坐る」という行為自体が消失する。「坐禅」という語は用いながらも、実際には坐禅という身体的な行法を廃棄し、「坐」「禅」の二文字をもっぱら「精神のあり方／心のありよう」の意に転換した。「古い革袋に入った新しいワイン」の典型例だ。

神会が坐禅という行法そのものを廃棄した理由は、南宗禅の根源的な人間観にある。北宗禅の人間観は心自体に浄（仏性）不浄（客塵《きゃくじん》煩悩）の実体を認めるが、南宗禅は、人間の本性（＝仏性・菩提心）を、いかなる「相」によっても区分されない無限定で無分節なるスクリーンのような存在と考える。そこには「煩悩／菩提」や「迷／悟」といった相対的な個別の相が去来するだけで、スクリーンそのものは常に一定の空白であり、不浄物を映し出しても汚れないし、清浄物を映し出しても浄《きよ》まらないとする。

ここで必要なのは、迷いの映像を排除することでも、覚りの映像を固定することでもなく、それらが映し出されているスクリーンそのものに自ら気づくことだとする。だから、北宗禅のように本来空白のスクリーンを「汚れた」と錯覚して掃除することは、汚れてもいないスクリーンに傷をつけることだと南宗禅は考える。もともとそうであることを、ただそうであるとみるだけであるから、そこには時間差も段階の前後も存在しない。だから南宗禅は「頓悟」と言われ、「坐る」という形にも拘泥しない。

唐代から宋代の禅仏教

こうして南宗禅が主流となるが、六祖慧能からまた二つの流れに分岐する。一方は「南岳《なんがく》→馬祖《ばそ》」と相承される「南岳系」、もう一つは「青原《せいげん》→石頭《せきとう》」と相承される「青原系」だ。馬祖系の禅は現実態の自身がそのまま本来性の現れと考えたのに対し、石頭系の禅は現実態の自己とは別次元に本来性の自己を見出そうとした。ありのままの自己をそのまま肯定するか、ありのままを超えたところに本来の自己をみるかの違いである。ここでは馬祖系の禅のみを取り上げ、その主要な考え方を「即心是仏《そくしんぜぶつ》／作用即性《さゆうそくしょう》／平常無事《びょうじょうぶじ》」に絞って紹介する。まずは「即心是仏」から。

「即心是仏」とは「仏」と等しい聖なる本質が心のどこかに潜んでいるのでもないし、迷いの心を斥けて覚りの心を顕現させるのでもなく、己の心こそが「仏」であり、その事実に気づけば、いたるところ「仏」でないものはない、ということを意味する。とすれば、現実態の活き身の自己のはたらき（作用）は、すべてそのまま「仏」としての本来性の現れにほかならない。それがつぎの「作用即性」だ。

「話す／見る／聞く／感じる／分かる」、また「服を着る／飯を食う／人と話す」、そうした日常の感覚や動作・行為が、すべてそのまま「仏」としての本来性の発現ということになる。馬祖やその門下は、「即心是仏／作用即性」を理論や経説で終わらせず、実地のやりとりの中で生身の修行者一人ひとりに身をもって実感させ体得させる実践的な手法を具えていた。

では最後に「平常無事」。これは馬祖の語録の「平常心、是れ道なり」に端的に示される。これは「即心是仏」と同じで、人為的なこしらえごとがなく、是非や凡聖の区別もない普段のありのままの心（平常心）、また日常のあらゆる動作・営為（行住坐臥《ぎょうじゅうざが》・応機《おうき》接物《せつもつ》）がすべてそのまま「道」であり「法界《ほうかい》」なのだと馬祖はいう。

ここでは便宜上、「即心是仏／作用即性／平常無事」の三つに分けて説明したが、実際には一つの考え方である。自己の心が仏であるから、活き身の自己の感覚・動作はすべてそのまま「仏が作し、仏が行ずる」にほかならず、ことさら聖なる価値を求める修行などは止めて、ただ「平常／無事」でいるのがよいとする。本来性と現実態とを無媒介に等置し、ありのままに是認するのが馬祖禅の基本精神であった。

宋代になると、禅宗はさらに変容する。宋代の禅は二重の意味で「禅の制度化」の時代であった。一つは禅宗が国家の政治・経済・文化の制度の内に組み込まれていったという外的な意味、もう一つはそれに応じて禅宗内部の機構や修行形態が制度的に整備・規格化されたという内的な意味においてである。このような状況下、種々の規則が「清規《しんぎ》」という名で成文化された。また修行面でも、教材と教授法の規格化が進む。唐代の禅の修行が親方のもとでの徒弟奉公であったとすれば、宋代のそれは、学校での技術者養成課程のようなものになった。具体的には「公案（禅門共有の古典として収集・選択された先人の問答の記録）」を所与の教材として使用することが修行の中心となった。

この公案参究の方法には「文字禅《もんじ》」と「看話禅《かんな》」の二つがある。文字禅とは、公案の批評や再解釈を通して禅理を闡明《せんめい》にしようとするもの、一方の看話禅は、特定の一つの公案に全身全霊を集中させ、その限界点で心の激発・大破を起こして決定的な大悟の実体験に至ろうとする方法である。「看話禅で覚り、それを文字禅で表現する」というのが、南宋以降の大勢であった。

修行観の変遷

仏伝資料をみると、ブッダ自身が段階的に覚りを開いたという伝承はないし、初期の仏弟子の場合も、そのようには記述されていない。ブッダ最初の説法の相手である五比丘は、ブッダの説法を聞いてたちどころに覚りを開いた。それにつづくヤシャスも同様だ。しかし教理化が進むと、第二章第二節でみたとおり、覚りへの段階も精緻に体系化され、細かに階層化されていく。大乗仏教では、発心してから覚りまでの道程は、菩薩の十地や五十二位が示すように、かなりの時間を要する。また禅定にかぎっても、伝統仏教では四禅や九次第定《くしだいじょう》など、覚りに向けては段階を踏んで精神集中の深まりを説く。この伝統は北宗禅までは生きていたが、神会の出現により大きく変化した。

ブッダの時代、修行者は隠遁的な生活を送り、世俗からは一定の距離を置いた。「出家」を理想としたので当然だ。しかし大乗仏教の出現により、その隠遁生活にも変化が生じた。大乗仏教は利他を標榜するので、山中に籠もり、人との接触を断つわけにもいかなくなったからだ。泥中の蓮華のごとく、身は世俗においても心は一切の執着から離れていることが理想とされた。

こうなると、内面的な「心のあり方」こそが問題となる。柳田・梅原[1969]で柳田は『維摩経』の「道法を捨てずして凡夫の事を現ずる、これを宴坐となす。心が内に在せず、外に在せず、亦たその中間にも在ざる、これを宴坐となす」を引用し、瞑想は単なる瞑想ではなく、徹底して心のあり方の問題になると指摘する。ここにまずは中国の禅（とくに南宗禅以降の伝統）に発展する契機が確認されよう。

しかし中国禅の特徴は「心のあり方」に留まらず、修行自体を否定（正確には「日常の活動を修行と認定」）するところにある。インド大乗仏教の段階では、心の問題とはいえ、禅定は六波羅蜜《ろくはらみつ》の一支分（禅定波羅蜜）とされたが、中国禅で心の問題は徹底され、もはや「日常世活＝修行」とみなされて、特別な修行を必要としないところまで行き着いた。中国禅には、インド仏教の思想的延長線上ではとらえきれない飛躍がある。そこで視点を変え、中国独自の文化に注目してみよう（中村［1988b］）。

インド人が空想的で形而上的思考を好むのに対し、中国人の特徴は、具象的知覚の重視、抽象的思惟の未発達、個別性の強調、具象的形態に即した複雑多様性の愛好、現実主義的傾向などにある。要するに中国人は「具体性・個別性・現実性」を重視するので、インド人の「抽象性・普遍性・空想性」と対極をなす。よって、インド発の仏教が中国に根づくには、さまざまな変容が生じたが、他の仏教と比べ、禅仏教はその変容の度合いが極めて大きい。その中でも「修行観」は最たるものだ。伝統的な修行自体を否定するからである。現実の生活を重視する中国人は、修行を日常生活に同化させた。インドの仏教徒が娑婆の日常生活を厭離し、出家の生活に理想を求めたのに対し、禅を奉ずる中国の仏教徒は日常生活そのものと理想の世界とを重ねたのである。

天台や華厳もインド仏教的な修行自体は放棄しなかったが、天台の「諸法実相」や華厳の「事事無礙法界」も中国人の現実生活重視の姿勢を反映している。ともかく、インドの伝統仏教が厭世的だったのに対し、大乗仏教はその厭世を否定し、さらにその教えを発展させた中国禅は日常生活を絶対的に肯定し、出家者の生活も大きく変えた。インド仏教の出家者は生産活動に携わらず、日常の作務とは別に修行を位置づけたが、中国の禅僧は生産活動にも携わり、「日常の作務＝修行」と把捉《はそく》するに至る。

道元が留学したときの有名なエピソードがある。中国の天童山で修行していたときのこと、昼食を終えた道元が廊下を歩いていると、年老いた典座《てんぞ》（禅宗寺院の食事係）が真夏の太陽の下で料理用の海藻を干していた。「そのような仕事は他の人に任せれば」と声をかけると、典座は「他人がしたのでは意味がない。自分こそがすべき仕事である」と応えた。道元がさらに「このような炎天下にわざわざしなくても」と言うと、「今やらなければ、いつやるのか」と典座は返答した。

道元は修行を「坐禅」などの特別な行と理解し、台所仕事などは雑用と考えていたが、この典座とのやりとりで、日常生活の一挙手一投足が修行だと思い至り、典座を単なる炊事係と思い込んでいた自分の誤りに気づいた。ただし道元は帰国後、中国仏教の坐禅否定の態度を改め、「只管打坐《しかんたざ》」として坐禅を復活させている（次章で後述）。

中国禅仏教の伝承はその起源を「ブッダから迦葉（カーシャパ）への師資相承」に求めるが、そこで語られるエピソードが「拈華微笑《ねんげみしょう》」だ。インドの霊鷲山《りょうじゅせん》でブッダは華を拈《ひね》ると、他の仏弟子はその意味がわからなかったが、迦葉だけはその意味を理解して微笑した。一本の華を介した沈黙と微笑のうちに、真実そのものがブッダの心から迦葉の心に「以心伝心」で直に伝えられたという。以来、禅宗では大切なことは文字の力を借りず（不立文字《ふりゅうもんじ》）、言語化された教えとは別に伝えられる（教外別伝《きょうげべつでん》）とする。

インド仏教の言語（言葉）に対する否定的態度は、説法の躊躇（梵天勧請《ぼんてんかんじょう》）・筏の喩え・二諦説（戯論の否定）などに表れていた。しかし、それを飛躍的に発展させたのが中国の禅仏教だ。経典を「不浄を拭う故紙（トイレットペーパー）」（『臨済録』）とさえ言い放ち、経典に絶対的意義を認めない。

言語に対する否定的態度は、中国禅仏教の典籍の性格も大きく変えた。天台や華厳、また浄土教も中国独自の思想を展開したが、その基礎はインド撰述の経典や論書に基づく。しかし、中国禅の典籍はインド撰述の文献との関係を絶ち、中国禅師の語録・問答・公案が中心を占める。宮坂［1947］によれば、『碧巌録《へきがんろく》』や『従容録《しょうようろく》』の公案すべてのうち、大乗経典に基づくものはわずか五％で、残りの九五％は祖師の語録に基づく。後代の禅宗はインドの経典よりも祖師の語録を重んじ、多数の公案の商量（よくはかり考えること）

に重点を置いた（中村［1988b］）。

禅の典籍は従来の「経典や論書の注釈書」という枠を超え、覚りと直結する教科書となるので、公案ではその言葉そのものが重要となり、「活句《かっく》／死句」が問題となる。死句は「意味と論理を含んだ理解可能な語」、活句は「意味が脱落し、論理が切断された理解不可能な語」と言われる（小川［2015: 145］）。言葉に否定的な禅仏教がなおも言葉を駆使して人を真理に導こうとすれば、それはその論理（あるいは言葉）自体を切断するような言葉遣いになるのだろう。

これを中観の「二諦説」で解釈すれば、死句とは「世俗」、活句とは「世俗諦」となる。活句と世俗諦は「真理（理法）と繋がりを持つ言葉」という点で共通するが、世俗諦は「向下的（形而上の真理が形而下に言葉として現れ出たもの）」であるのに対し、活句は「向上的（形而下の言葉で形而上の真理に導くもの）」であり、その方向性が逆になる点で異なる。さきほど公案参究の方法には看話禅と文字禅の二つがあり、その関係は「看話禅で覚り、それを文字禅で表現する」と指摘したが、看話禅は向上的、文字禅は向下的といえよう。

さらに、禅の典籍に関連して「偽経《ぎきょう》」にも触れておく。インド同様、中国にも尚古《しょうこ》的傾向はあり、自らの思想を権威づけるために、インド撰述を標榜し、中国撰述の偽経が制作された。中国人は「ブッダ」に仮託し、「仏説」の権威を借りて自己の主張を展開した。

しかし、その偽経も九世紀以降はピタッと止まり、言いたいことはブッダの威を借りずとも自分で主張するという流れが馬祖以降に確立したと柳田は指摘する（柳田・梅原［1969: 207］）。禅仏教の登場によって語録・問答・公案が作られ、自分たちの言葉が覚りと直結したことで、偽経を制作する必要がなくなったのである。

四．浄土教

インドの浄土教

中国の浄土教に強い影響を受け、日本では極めて特異な発展を遂げた浄土教だが、その起源はインドの大乗仏教に遡る。といっても、中国や日本の浄土教を前提にインドの浄土教をみると、多くを見誤るので、先入観や偏見を排し、まずはインド仏教の文脈でインドの浄土教を点描してみよう。

浄土とは普通名詞であり、三千大千世界の至るところに存在しうるが、その中でも阿弥陀仏が西方に建立した浄土が「極楽（Sukhāvatī）」と呼ばれる。よって、「極楽」は固有名詞である。その阿弥陀仏や極楽を詳細に説くのが〈無量寿経〉だが、これに〈阿弥陀経〉と〈観無量寿経〉を加えて浄土三部経と呼ぶ。ここでは、インド起源が明確であり、なおかつ後世の浄土教に念仏往生の根拠を示した〈無量寿経〉をみてみよう。

〈無量寿経〉は、法蔵菩薩が世自在王仏の前で四八の誓願を立て、その誓願の実現に向けて兆載永劫《ちょうさいようごう》の修行を積み重ねた結果、ついに阿弥陀仏となった経緯を説く。その四八の誓願の中でもとくに重要なのが第十八願であり、後世の念仏往生の根拠となる。その内容を、インド原典の和訳と漢訳『無量寿経』で比較してみてみよう。

原典：もしも私が覚りを得た後に、無量無数の仏国土の衆生たちが私の名を聞き、その仏国土に生まれたいという心を起こし、諸々の善根を成熟させ、たとえその心を起こすことが十回に過ぎなかったとしても、その仏国土に生まれないようなら、その間、私は無上正等菩提《むじょうしょうとう》を正等覚することがありませんように。ただし、無間業《むけんごう》を作った者と正法《しょうぼう》を誹謗した者とを除く（L-Sukh. 14.2–8）。

漢訳：設《たと》い我れ仏を得たらんに、十方の衆生、至心に信楽して我が国に生ぜんと欲して、乃至《ないし》十念せん。若し生ぜずんば、正覚を取らじ。唯だ五逆と正法を誹謗するを除く（T. 360, xii 268a26–28）。

漢訳の「乃至十念」は、インド原典では「十回〈極楽に往生したいという〉心を起こすこと（cittotpāda）」と説かれ、「念仏（buddhānusmṛti）」を意味しない。しかし、この漢訳の「十念」が「十回の念仏」と誤解されたことで、中国以降の浄土教は劇的に変化することになったのである。くわえて、往生する方法は第十九願と第二十願にも説かれている。その漢訳『無量寿経』の内容は以下のとおり。

> 第十九願：設い我れ仏を得たらんに、十方の衆生、菩提心を発し、諸の功徳を修め、至心に願を発して、我が国に生ぜんと欲せば、寿の終わる時に臨んで、仮令《たとい》大衆とともに囲繞《いにょう》して、其の人の前に現ぜずんば、正覚を取らじ（T. 360, xii 268a29–b2）。
>
> 第二十願：設い我れ仏を得たらんに、十方の衆生、我が名号を聞きて、念を我が国に係け、諸の徳本を植え、至心に回向して我が国に生ぜんと欲するに、果遂《かすい》せずんば、正覚を取らじ（T. 360, xii 268b3–5）。

極楽に往生する方法は「十念」だけでなく、菩提心を発すこと、諸の功徳を修めること、諸の徳本を植えること、至心に回向して極楽浄土に往生しようと願うことなどもある。にもかかわらず、中国や日本では「十念」のみが往生の唯一の方法として選択された。さらにここで重要なのは、「十念」が「十回の念仏」でないのみならず、念仏は本来「南無阿弥陀仏と声に出して十回称えること」でもなかった点だ。念仏とは文字どおり「仏を念ずること」である。こうして幾重もの誤解や解釈が積み重なり、今日の念仏が誕生した。これを念頭に置き、念仏の変遷を整理してみよう。

念仏の変遷

日本で「念仏」といえば、「南無阿弥陀仏と声に出して十回称えること」と理解してしまうが、これは本来の念仏ではない。では「南無〜」と仏の名前を称える行はなかったかというと、それはそれで古代のインド仏教の時代からすでに存在していた。これを「称名《しょうみょう》（〈仏の〉名を称えること）」と言う。つまり、念仏と称名とは本来、起源を異にする行だったのである。それを同一視したのが中国浄土教を大成させた唐代の善導《ぜんどう》だ。では、善導に至るまでの念仏の経緯を簡単にまとめてみよう。

念仏はまず、仏の十号を念ずる行として出発した。十号とは仏の異名であり、「如来・阿羅漢・正等覚者・明行足《みょうぎょうそく》・善逝《ぜんぜい》・世間解《せけんげ》・無上士《むじょうし》・調御丈夫《じょうごじょうぶ》・天人師《てんにんし》・仏・世尊」を言う。これだと全部で一一になるので、「如来十号」として、如来を外して十とし たり、仏と世尊を合わせて一つにして十とする資料もあるが、ともかくこの如来十号を念ずることが念仏の祖型だ。しかし、時間の経過とともに、念ずる対象に変化が生じる。無仏の世になって「仏に逢いたい」という思い、あるいは仏像の出現なども手伝って、抽象的な如来十号に加え、仏の具体的な姿形を念ずる念仏も誕生した。

これは大乗仏教の時代、「般舟三昧《はんじゅざんまい》」としてその地位を確立していく。この三昧を修すれば、目の前に諸仏が現れ、諸仏に見えることができるという。この念仏は後に観想念仏と呼ばれるようになる。

この念仏とはまったく違う思想基盤の上に、称名の起源となる三帰依の表明も入信儀礼とともに誕生した。三帰依とは三宝（仏・法・僧）に帰依を表明することで、インドのみならず、今でも仏教国の普遍的な入信儀礼として確立している。三宝帰依は、具体的には「南無仏・南無法・南無僧（仏に帰依す。法に帰依す。僧に帰依す）」と声に出して三回称えることであるが、この最初の「南無仏」が称名の起源となる。

また仏帰依は伝統仏教の典籍において念仏と併用されていた。とくに窮地に陥った場合は、仏を念じながら「南無仏」と称えると、その窮状を脱することができるという用例がインド仏教説話文献に確認できる。これにより、大乗仏教以前の段階で、念仏あるいは称名は功徳のある行為と認められていたことがわかる。

また仏典には聞名《もんみょう》（仏の名前を聞くこと）の功徳も説かれていたが、この聞名にも刺激を受け、三帰依の南無仏の伝統から「南無阿弥陀仏」が誕生する。『観無量寿経』には南無阿弥陀仏と称える称名の行が説かれているが、それを念仏とみなすには唐代の善導を待たねばならなかった。

曇鸞《どんらん》と道綽《どうしゃく》の浄土教

中国の浄土教は善導によって劇的に変化するが、その前段においても緩やかな変化を生じていた。その経緯を、曇鸞と道綽の浄土教で確かめてみたい。まずは曇鸞から。

曇鸞は世親《せしん》の『往生論』に対する注釈書『往生論註』を著し、この書が親鸞に大きな影響を与えた。しかし残念ながら、曇鸞の時代、唯識に関する仏典はまだ漢訳されていなかったので、当時の中国人には唯識に関する知識がなかった。『往生論』は瑜伽行唯識派の世親による書であり、本来なら唯識の知識なしには解読できないはずだが、曇鸞は唯識の知識なしで『往生論』を注釈したので、その理解は本道を外れる結果となった。しかし、本書で指摘してきたように、その理解は間違っていたとしても、理法に即した解釈となっていれば、それはそれで仏典の意味を持つ。その書から親鸞が大いに啓発され、今日にまで継承される浄土教を樹立したのであれば、結果論ではあるが、そこには理法を反映した経法が説かれていると判断できよう。

同書には念仏（十念）も称名も説かれているが、それは個別に扱われ、別々の行として位置づけられている。曇鸞の説く十念（念仏）は、阿弥陀仏の総相（全体の姿）と別相（個別〈手・足・胴体など〉の姿）を憶念し、その憶念する姿を縁として、心の中にそれ以外の想を抱くことなく、それを十回相続することを意味するので観想念仏であり、阿弥陀仏の名号を十回称えることを十念とは理解していない。ただし、念仏と称名は行として別個だが、〝併修〟すべきものとして説かれている点は注目してよい。

つぎに道綽の浄土教をみていこう。教相判釈が中国仏教の特徴であることはすでに指摘した。その中でも有名なのは智顗の五時八教の教判だが、道綽も彼独自の教判を打ち立てた。それが聖浄二門判《しょうじょうにもんはん》である。これは仏教を聖道門《しょうどうもん》と浄土門とに大別する教判であり、智顗に比べると簡素だが、道綽はこの世で修行して覚りを開く聖道門と、極楽に往生してから覚りを開く浄土門に仏教を大別し、このうち浄土門を称揚した。

道綽は「禅師」と呼ばれているので、浄土門を称揚するといっても、往生の方法として「禅定」、すなわち観仏三昧《かんぶつざんまい》（念仏三昧）を重視する。これは、聖道門の説く「理観（抽象的真理を対象とする観法）」ではなく、依報《えほう》（極楽浄土）と正報《しょうほう》（阿弥陀仏）とを観察（＝念）の対象とする「事観（具体的な姿を対象とする観法）」であることが強調されている（千賀［1994: 112］）。

曇鸞と同様に、道綽も念仏とは別に、末法において相応しい行として称名の行も説く。

ただし称名は単独で用いられるよりも、念仏との関係で説かれる方が多い。そこで問題になるのが、両者の関係だ。念仏と称名は道綽の浄土教においてどのように位置づけられているのであろうか。結論を言えば、称名は念仏の補助的（あるいは導入的）な行として位置づけられている。念仏三昧は高度な行で、誰でも実践できるわけではない。一方、称名は口に阿弥陀仏と称えるだけなので実践しやすい。目指すべきは念仏三昧だが、それは簡単ではないから、「南無阿弥陀仏」と繰り返し称えることで（称名）十念が成就しやすくなるという。

インド仏教以来、念仏と称名は発生基盤こそ異なるが、近い関係で併修されていた。それが道綽に至ると、両者は修行体系に組み込まれ、かつ称名が念仏の補助的（導入的）な行として序列化された。道綽の浄土教で念仏と称名はかなり接近したとはいえ、まだ同一視されるには至らなかったが、これを実現したのが善導だ。

善導の浄土教

では中国浄土教の大成者である善導の浄土教を概観してみよう。ここで浄土教は大きく脱皮・変容し、その脱皮・変容が鎌倉期において日本の浄土教の流れを決定するほどの結節点となった。

善導は『観無量寿経』の注釈書『観無量寿経疏《きょうしょ》（観経疏）』をはじめ、多くの書を著したが、その中には念（仏）に加え称（名）の用例もかなり確認できる。問題は両者の関係だが、善導は念仏と称名の関係をどう考えたのか。それを解く鍵は『観念法門』と『往生礼讃』にある。この中で善導は『無量寿経』の第十八願を引用するが、そこにはつぎのような読み換えがみられる。『無量寿経』第十八願と合わせて紹介しよう。

『無量寿経』：設い我れ仏を得たらんに、十方の衆生、至心に信楽して我が国に生ぜんと欲し、乃至十念せん。若し生ぜずんば、正覚を取らじ（T. 360, xii 268a26–27）。

『観念法門』：若し我れ、仏を成ぜんに、十方の衆生、我が国に生ぜんと願い、我が名字を称して下は十声に至らんに（称我名字下至十声）、我が願力に乗じて、若し生ぜずんば、正覚を取らじ（T. 1959, xlvii 27a17–19）。

『往生礼讃』：若し我れ、仏を成ぜんに、十方の衆生、我が名号を称して下は十声に至らんに（称我名号下至十声）、若し生ぜずんば、正覚を取らじ（T. 1980, xlvii 447c24–25）。

「我が名字を称して」の新たな付加に加え、善導は「乃至十念」を「下至十声」と読み換える。ここに至って称名は念仏と完全に同一視され、「称名＝念仏」という新たな念仏観が樹立された。従来の「称名と念仏」は「称名が念仏」に脱皮し、浄土教は新たな道を歩むことになる。この善導の読み換えにより、念仏は両義性を帯びることになったので、従来の念仏を「観想念仏」、新たな念仏を「称名念仏」として区別する。

さてもう一つ、善導には大きな功績がある。それは念仏の地位を格上げしたことだ。称名は念仏の補助的な行としてしか位置づけられてこなかった。つまり「易行《いぎょう》」ではあるが「劣行」（初心者向けの行／価値の低い行）という地位に甘んじてきた。しかし、善導はこれについても変更を試み、この称名念仏を「本願念仏」と位置づけたのである。

一切の衆生が念仏で等しく救済される根拠は『無量寿経』の第十八願にある。「十念する者を極楽に往生させよう。この願が成就しない間は覚りを開かない」と誓い、ついに阿弥陀仏になったのであるから、「十念すれば必ず往生する」ことは保証（約束）されているはずである。つまり、法蔵菩薩の〝誓願〟が阿弥陀仏の〝本願（過去の誓願）〟になったことが救済の根拠となるのだ。この阿弥陀仏の本願力が衆生に働くことで往生が可能になるが、これが本願念仏（本願で誓われた念仏）である。法然を回心させたことで有名な善導の『観経疏』「散善義《さんぜんぎ》」にはつぎのように説かれている。

一心に専ら弥陀の名号を念（＝称）じて行住坐臥に時節の久近を問わず、念念に捨てざる者、是れを正定《しょうじょう》の業《ごう》と名づく。彼の仏の願に順ずるが故に（T. 1753, xxxvii 272b6–8）。

ここでは念と称の優劣を直接論じているわけではないが、善導は称名念仏を「正定の業（阿弥陀仏によって往生が正しく定められた業）」と位置づける。ここでの称名念仏は、従来の「補助的（導入的）な行」という暗い影を払拭し、往生の本道に位置づけられた正統の行として生まれ変わっている。

読み換えという点では「念」が「声（称）」に変わっただけだが、この一字の変更がその後の仏教史の流れを大きく変える布石となった。革袋とワインの喩えで言えば、古い革袋に若干の変更（一字の読み換え）を加えて新しくし、その革袋にまったく新たなワイン（称名念仏と本願念仏）を注ぎ込んだことになる。

このような読み換えについては、歴史学者の批判もあるが、それは恣意的なものではなく、深い宗教体験に基づいている。善導も三昧発得《さんまいほっとく》（宗教体験）を得ていたとされ、善導自身『観経疏』の最後で、この疏は深い宗教体験によって著されたものだから、「此の義、已に証を請ふて定め竟《おわ》んぬ。一句一字も加減すべからず。写さんと欲する者、一に経法の如くすべし」と記す。

教証だけで仏教は更新されない。経典の教えにはトレースできなくても、理証と体証とにより、「念は声（称）なり」との確信を得たからこそ善導は読み換えを行った（否、善導にとっては「読み換え」という意識すらなかったかもしれない）。問題はそこに恣意性があったかどうかだが、それは歴史が証明する。もしも恣意性があったなら、そのような教えは歴史に淘汰され、後世に伝えられることはなかったはずだ。逆に恣意性がなく、理法を反映した教法であったからこそ、それは苦を滅する教え（仏教）として伝承され、歴史の淘汰をくぐり抜けて生き残ってきたのである。

第六章　日本仏教の多様化

仏滅後、インドの段階で仏教はすでに変容し、多様化の道を辿ってきた。大乗仏教の興起がその典型例だが、その大乗仏教も中国に将来されると中国的変容を被り、大きく変化し多様化した。しかし、その多様化の動きは止むことがない。中国から仏教を受容した日本でも、仏教はさらなる変容を遂げる。仏教東漸《とうぜん》の東の極で、仏教は最終的にどう変容したのか。ここでは鎌倉新仏教に焦点を当て、法然・親鸞・道元・日蓮の仏教を概観し、その多様化を整理してみよう。

一．法然

末法《まっぽう》思想

鎌倉新仏教の魁《さきがけ》として登場したのが法然だ。法然は念仏の専修（一つの行だけを選択して、専らそれを修すること）を説いたが、彼につづく鎌倉新仏教の祖師たちは、その行こそ違えども、それぞれ独自の専修を展開した。よって、まずは法然の専修思想を手がかりに、浄土教の多様化を明確にしよう。

中国仏教以降、浄土教は末法思想の影響を強く受けて発展した。末法とは仏教の下降史観であり、正法から像法《ぞうぼう》、そして像法から末法と時代が下るにつれて世は悪くなるという考え方だ。正法とは、教（仏の教え）・行（その教えを実践する者）・証（その結果、覚りを開く者）の三つがそろっている時代のことをいう。つぎの像法とは、教と行のみが存在し、証がない時代、最後の末法は教のみが存在し、行と証がない時代をいう。仏滅年代については、紀元前九四九年説と紀元前六〇九年説の二つがあり、また正法と像法の期間も一五〇〇年説と二〇〇〇年説の二つがあるので、この組み合わせから、末法に入る時期については、つぎの四説が可能になる（平［1992］）。

①紀元前九四九年説＋正法像法一五〇〇年説＝五五二年説
②紀元前九四九年説＋正法像法二〇〇〇年説＝一〇五二年説
③紀元前六〇九年説＋正法像法一五〇〇年説＝八九二年説
④紀元前六〇九年説＋正法像法二〇〇〇年説＝一三九二年説

中国では①が普及したので道綽以降、日本では②が圧倒的な広がりをみせたので、法然以降の浄土教家は、末法思想に大きく影響を受けた。末法の人間観は性悪説あるいは否定的にならざるをえないので、そのような人間が実践する行は難行ではなく易行でなければならない。こうして法然は易行である念仏を選択した。しかし従来、念仏は易行であるがゆえに〝易行だが劣行〟と見なされていた。よって、それを往生可能な行とみなすには、善導の本願念仏の価値をさらに高め、〝易行にして勝行（往生可能な勝《すぐ》れた行）〟という念仏を確立する必要があった。

本願念仏から選択本願念仏へ

そこで法然は、本願念仏を選択《せんちゃく》本願念仏へと格上げしていく。では善導の「本願念仏」と法然の「選択本願念仏」とはどう違うのか。「選択」という二文字が付加されることで、その意味内容にどのような変化が生じるのか。法然の主著は『選択本願念仏集（選択集）』であり、この「選択」に法然の独自性がよく表れている。法然は三重の選択によって念仏を勝行とみなしていく。まずは、道綽の「聖道門／浄土門」の教判に基づき、浄土門を選択する。

浄土門に入ったなら、次は善導の「正行《しょうぎょう》／雑行《ぞうぎょう》」という行の分類に従って、正行を選択する。正行とは読誦《どくじゅ》（阿弥陀仏に言及する経典を読誦すること）・観察（阿弥陀仏を観察すること）・礼拝《らいはい》（阿弥陀仏を礼拝すること）・称名（阿弥陀仏の名を口で称えること）・讃歎《さんだん》供養（阿弥陀仏を讃歎し供養すること）の五つをいう。雑行は阿弥陀仏以外の仏に言及する経典を読み、阿弥陀仏以外の仏を観察し礼拝する行をいう。

そして最後は、この五種正行を「正定業《しょうじょうごう》（称名）／助業《じょごう》（読誦・観察・礼拝・讃歎供養）」に分類し、補助的な四つの行を捨てて、往生が正しく定まっている業（行）の口称（念仏）のみを選択する。なぜなら、それは仏の本願で往生が約束された行であるからだと法然は説く。第一と第二の選択は道綽・善導という人間の選択だが、第三は阿弥陀仏による選択であるから重みが違う。

『無量寿経』には念仏以外にもさまざまな行が説かれていたのに、なぜ阿弥陀仏は往生の行として念仏のみを選択したのか。ここが大きな問題となる。教証だけを頼りにすれば、この問題は解決しない。経典には「阿弥陀仏が念仏のみを選択した」と記していないからだ。よって法然は理証（および体証）を駆使して、新たな解釈を試みる。法然は念仏が選択された理由を、『選択集』第三章で「聖意測り難し、輙《たやす》く解すること能わず」（この表現に法然の解釈の困難さが滲み出ている）と前置きしながら、「勝／劣」と「難／易」という観点から説明する。まずは「勝／劣」から。

最初に勝劣を論じると、念仏が勝れ、他の行は劣っている。なぜかというと、名号はあらゆる功徳が帰一するものだからである（万徳所帰《まんどくしょき》）。そうであるから、すなわち阿弥陀一仏のあらゆる四智・三身・十力・四無畏《しむい》などの内面に体得したすべての功徳、および相好（身体的特徴）・光明・説法・利生（衆生の利益）などの外面に現れたすべての功徳が皆、ことごとく阿弥陀仏の名号の中に収まっている。だから、名号の功徳がもっとも優れているが、余の行はそうではない。それぞれ一部分を担当しているだけである。そういうわけで、〔余の行は〕劣っているとされる。

「勝／劣」については、阿弥陀仏の名号はすべての徳が含まれているから他の一切の功徳に勝っており、他はそうではないから劣っていると法然は言う。「難／易」について、法然は「念仏は実践しやすいが、他の行は実践しがたい。（中略）念仏は実践しやすいので、すべての人に通じるが、他の行はすべての人の能力に通じてはいない。だから一切の衆生を平等に往生させるために、難行を捨て、易行を選択して本願とされたのではないか」と説明し、つぎの四つの例をあげる。

①造像起塔《ぞうぞうきとう》をもって本願とすれば、貧窮困乏の者は往生の望を断たれてしまうが、富める者は少なく、貧しい者は多い

②智慧高才《ちえこうさい》をもって本願とすれば、愚鈍下智の者は往生の望を断たれてしまうが、智慧の者は少なく、愚痴の者は多い

③多聞多見《たもんたけん》をもって本願とすれば、少聞少見の者は往生の望を断たれてしまうが、多聞の者は少なく、少聞の者は多い

④持戒持律《じかいじりつ》をもって本願とすれば、破戒無戒の者は往生の望を断たれてしまうが、持戒の者は少なく、破戒の者は多い

そして、これを締めくくり、法然はこう述べる。「諸行を本願とすれば、往生できる者は少なく、往生できない者は多くなる。だから阿弥陀仏は、法蔵比丘であった昔、平等の慈悲に促されて、普く一切〔の衆生〕を救済するために、造像起塔などの諸行をもって本願とはされず、ただ称名念仏の一行をもって、本願とされたのである」と。

阿弥陀仏の慈悲が平等なら、その慈悲の光はまず最下層の衆生にこそ当てられるべきであり、そこから推し量れば、阿弥陀仏は往生行として誰でも実践可能な「称名念仏の一行」しか選択されないはずだ、というのが法然の確固たる信念である。こうして、末法の

世においては善人も悪人も人間はすべて「凡夫」に一元化され、またその凡夫が実践可能な行も「念仏」に一本化される。ここに法然浄土教の特徴をみることができる。

八種選択

法然の選択はこの三重の選択に留まらない。法然はさらに「八種選択」という物語の創造により、念仏のアイデンティティを変更していく。第一と第二の選択は人間（道綽と善導）の選択であったが、第三の選択は阿弥陀仏による選択であり、それだけでも充分価値はあるが、念仏としての価値づけはそれだけでは充分でない。そもそも仏教の教祖ブッダがこの選択に関与していないし、他の多くの仏もかかわっていない。これについては現代の二人の研究者も指摘しているので、紹介しよう。

・末木説：教判という面から最も重要なのは釈迦の選択である。なぜならば、弥陀が選択したというだけならば、弥陀を信ずる人には絶対であるかもしれないが、仏教全体の中で優越性を主張することはできない（末木 [2004: 95]）

・平説：法然が聖道門を捨て浄土門に帰する根拠を、ブッダ（あるいは仏説の経典）ではなく、道綽や善導という人師の説に求めていることには説得力がない（平 [1992:

163–165〕）

このような批判は鎌倉時代にもあったと推測される。法然はそのような批判に対抗するため、さらなる選択を用意していた。それが八種選択だ。阿弥陀仏の選択だけでは選択の普遍性が脆弱であると考えたため、法然は『選択集』の最終章で、阿弥陀仏のみならず、ブッダも六方諸仏も皆こぞって念仏を選択したという八種選択を展開した。以下の①～③は『無量寿経』、④～⑥は『観無量寿経』、⑦は『阿弥陀経』、そして⑧は『般舟三昧経』を典拠とするが、その内容はつぎのとおり。（　）内は、それが説かれている『選択集』の章を表す。

①選択本願：阿弥陀仏が本願念仏を選択した（第三章）
②選択讃歎：ブッダは往生の行を列挙するが、念仏のみを選択して讃歎した（第五章）
③選択留教：ブッダは余行や諸善に言及するが、念仏の教えのみを選択して後の世に留め置いた（第六章）
④選択摂取：弥陀の光明は念仏の衆生のみを照らし、摂取して見捨てることがない（第七章）

⑤選択化讃《けさん》：下品下生の衆生には聞経と称名の二つの行が説かれるが、弥陀の化仏は念仏のみを選択して、衆生を励ます（第一〇章）

⑥選択付属：ブッダは定善（精神を集中して行う善）散善（散乱した心で行う善）を説いてはいるが、念仏の一行のみを後世に付属した（第一二章）

⑦選択証誠《しょうじょう》：六方の諸仏は、諸行ではなく念仏による往生こそ真実（誠）であると証した（第一四章）

⑧選択我名：弥陀が自らの名前のみを選択した（対応箇所なし）

この八種選択のうち、阿弥陀仏の選択は①④⑤⑧、ブッダの選択は②③⑥、そして六方の諸仏の選択は⑦である。法然は「弥陀・釈迦・六方諸仏」をもって〝一切の仏〟を象徴させ、「その一切の仏がみな念仏を選択した」と解釈することで、選択本願念仏に普遍性を持たせ、全仏教の行を念仏に統合しようとした。

念仏のアイデンティティ変更

インドに起源を持つ念仏の変遷についてはすでに整理したとおりだが、善導以前の浄土教において、称名念仏は価値の低い行（劣行）でしかなかった。しかし善導が本願念仏を称えたことで、念仏の価値は一気に高まった。そして法然がその本願念仏をさらに再解釈し、理証（および体証）に基づいて八種選択という物語を創造し、選択本願念仏という新たな念仏観を樹立した。こうして念仏のアイデンティティはさらに変更され、格上げされたのである。では最後に、善導の本願念仏と法然の選択本願念仏の違いについてまとめておこう。

「本願念仏」は阿弥陀仏が本願で約束された行であるから、「念仏すれば必ず往生できる」ことを意味する。一方の「選択本願念仏」は阿弥陀仏が本願の中で選択された唯一の往生行であるから、「念仏しなければ往生できない」ことを意味する。本願念仏は諸行（念仏以外の他の行）でも往生できる可能性を必ずしも排除しないが、選択本願念仏は念仏だけが往生行として選択されているので、諸行往生を否定する。この諸行否定については、「完全否定」か「事実上否定」かという論争はあるが、本書ではそれが本題ではないので、深入りはしない。

法然のみならず、鎌倉新仏教の祖師たちは膨大な仏典を渉猟し、可能なかぎり教証によって自らの解釈を正当化していったが、教証だけでは先に進めない場合、理証と体証によって新たに仏典を解釈し直し、従来にはなかった新たな仏教の価値を創造していった。法然の場合は選択本願念仏および八種選択がそれにあたり、この法然の解釈によって、日本浄土教の流れは大きく変わった。

これを阿満［1989］は「日本精神史という河の流れのなかに、法然という大きな州ができたとしよう。そのために、今までの河の流れが大きく変わることになった」と表現する。また梅原［2000］は「彼〔法然〕に視点をおいて鎌倉仏教およびその後の仏教をながめれば、ほぼ日本仏教が全体として見渡すことができるであろう。（中略）また、法然に視点をおけば、それ以前の仏教も十分見通すことができるのである」と指摘する。

では最後に、念仏の流れが大きく変わった経緯を、その転機に注目して簡単にまとめておく。インド原典には「〔往生の心を〕十回心を起こすこと」とあった箇所が『無量寿経』では「十念」と漢訳された。それを中国の仏教徒は「十回の念仏（＝観想念仏）」と解釈する（第一の転機）。しかし善導は「念＝声（称）」と読み換えて観想念仏を「称名念仏」に脱皮させ（第二の転機）、また本願念仏という属性を付与した（第三の転機）。さらに、法然は八種選択により、善導の本願念仏を「選択本願念仏」に格上げした（第四の転機）。このように、四つの大きな転機を経て、念仏は進化していったのである。

二、親鸞

信心

法然が「偏依善導《へんねぜんどう》一師（全面的に善導一師に依拠する）」を表明しながら、善導の浄土教を大胆に再解釈したように、親鸞も「たとい法然上人にすかされまいらせて、念仏して地獄に堕ちたりとも、さらに後悔すべからず候」（『歎異抄』）と言い放ち、法然に心酔しながらも、師匠の法然とは違った独自の浄土教を展開した。

親鸞仏教の特徴を一言で表現すれば「信心」、すなわち「如来より賜りたる信心」であろう。法然仏教における仏凡（阿弥陀仏と凡夫）の関係は「呼応関係」にある。阿弥陀仏の「念仏を称えよ。そうすれば極楽に迎えいれるぞ」という呼びかけに対し、凡夫は「お迎えください、南無阿弥陀仏」と念仏で応じる。だが、親鸞はここに自力の臭いを嗅ぎ取る。凡夫自身に自ら仏の呼びかけに応えられるような善があるのか。

こうして親鸞は他力を極めた結果、その呼びかけに応じられるのも、如来から回向された信心があるからだと解釈した。自ら念仏を称えると考えるのは自力の念仏だとし、他力で回向された信心がその呼びかけに応えているだけだと考えたのである。よって親鸞仏教は「絶対他力」と呼ばれる。こうして絶対他力、あるいは「如来より賜りたる信心」に基づけば、阿弥陀仏は絶対的に肯定され、人間（凡夫）存在は徹底的に否定され、この前提に基づいて仏典はすべて解釈し直されていく。

伝統は重視しなければならないので、聖典自体の内容の変更は基本的に許されない（変更しても善導の一字の読み換え程度）。よって親鸞は漢文自体はそのままにし、読みを変更した。いわゆる「改読」だ。これは漢文文法の無知に由来するのではなく、「絶対他力の信心／一片の真実もない私」という親鸞自身の大原則（大前提）から出発し、それに合わせて従来の伝統的な読みの方を修正していったのである。

親鸞の改読：阿弥陀仏の絶対肯定

親鸞の改読にはいくつかの型がある。「阿弥陀仏の他力」へと転じて解釈する場合、「自己内省」や「人間観」によって改読される場合、そして自分の思想体系に基づく改読の場合などだ（釈 [2010; 2011]）。ここでは「絶対他力の信心／一片の真実もない私」に基づき、「阿弥陀仏の絶対肯定」と「人間（自己）存在の絶対否定」の二側面から親鸞の改読を紹介しよう。この改読は恣意的であるから、ここに注目すれば親鸞浄土教の特徴が見えてくる。

①南無阿弥陀仏

まずは称名の「南無阿弥陀仏」の改読。称名念仏そのものの改読であるから、これには親鸞仏教の本質が見事に現れている。

「南無仏」の起源についてはすでにみたが、南無（帰依）する主体は「私」であり、「私が仏に帰依する」というのが伝統的な理解。この発展型が「南無阿弥陀仏」だが、親鸞はここに「自力」を見出し改読する。つまり「私が南無（帰命）する」のではなく、「阿弥陀仏が衆生に南無（帰命）せよ」と命じていると理解する。

親鸞は『教行信証《きょうぎょうしんしょう》』「行巻」で「帰命は本願招喚の勅命なり」と説明し、これを阿弥陀仏の勅命として受け取り、その勅命に応じて我々が阿弥陀仏に南無（帰命）することと解釈する。あくまで最初の働きかけは仏の側からなされ、それに応じて衆生はその名を称える。通常の読みに従えば、「南無阿弥陀仏」は命令文にはならないが、絶対他力の立場から「南無阿弥陀仏」を理解すれば、命令文になる。

②回向

『無量寿経』の本願成就文の漢文は「諸有衆生聞其名号信心歓喜、乃至一念至心回向願生彼国即得往生住不退転」であり、通常これは「諸有の衆生、其の名号を聞きて信心歓喜し、乃ち一念に至るまで至心に回向し、彼の国に生ぜんと願ずれば、即ち往生を得て不退転に住せん」と読めるが、これでは至心に〔善根を〕回向するのが「衆生」となり、自力が立ち現れるので、親鸞はこれを『教行信証』「信巻」でこう改読する。

諸有の衆生、其の名号を聞きて信心歓喜せんこと、乃至一念せん。至心に回向したまえり。彼の国に生ぜんと願ずれば、即ち往生を得て不退転に住せん。

このように、親鸞は回向する主体を「衆生」ではなく「阿弥陀仏」とする。「したまえり」という敬語の使用が、主語の入れ替わりを如実に物語る。『無量寿経』の漢訳異本『大宝積経《だいほうしゃくきょう》』「無量寿如来会《にょらいえ》」には、以下のような文がみられる。

聞無量寿命如来名号。乃至能発一念浄信歓喜。愛楽所有善根回向願生無量寿国者。随願皆生得不退転。乃至無上正等菩提（無量寿命如来の名号を聞きて、乃至能く一念の浄信を発して歓喜せしめ、所有の善根回向したまえるを愛楽して、無量寿国に生ぜんと願ずる者は、願に随って皆生じ、不退転乃至無上正等菩提を得ん）

これでは回向の主語が「衆生」となるので、親鸞は傍線部を「〈弥陀仏が衆生を〉歓喜せしめ、〈阿弥陀仏が衆生に〉所有の善根回向したまえるを〈衆生は〉愛楽して」と改読し、徹底的に自力的要素を排除する。

③『浄土論註』

また親鸞は経典のみならず、論書の文も改読する。曇鸞の『浄土論註』には「作願共往生彼阿弥陀如来安楽浄土」とあり、普通に読めば「〈衆生が〉願を作し、共に彼の阿弥陀如来の安楽浄土に往生せん」となるが、これも願を作したり往生したりする主語は「衆生」となるので、「〈阿弥陀仏は〉願を作し、〈衆生を〉共に彼の阿弥陀如来の安楽浄土に往生せしめたまえるなり」と改読する。

さらに、原文「剋念願生亦得往生即入正定聚」は通常「剋念《こくねん》して生ぜんと願わば、亦た往生を得て、即ち正定聚《しょうじょうじゅ》に入る」と読む。これに従えば、正定聚に入るのは死後に往生を果たしてからになるが、親鸞は信心を獲得した時点で正定聚に入ると解釈するので、これを「剋念して生ぜんと願ぜん者と、亦た往生を得る者（他力の信を得ている者）とは、即ち正定聚に入る」と改読する。

親鸞の改読：人間存在の絶対否定

ここでは、さきほどの「阿弥陀仏の絶対肯定」と表裏の関係にある「人間（自己）存在の絶対否定」に基づく改読を紹介しよう。その典型は三心（至誠心《しじょうしん》・深心《じんしん》・回向発願心《えこうほつがんしん》）の最初に位置する「至誠心」の解釈だ。善導は浄土往生に三心が必要と考え、その中の至誠心を『観経疏《かんぎょうしょ》』「散善義《さんぜんぎ》」で、こう解釈する。

至誠心と云うは、至は真なり。誠は実なり。一切衆生の身・口・意業に修するところの解行《げぎょう》、必ずすべからく真実心の中になすべきことを明かさんと欲す。外に賢善《けんぜん》精進《しょうじん》の相を現じ、内に虚仮《こけ》を懐くことを得ざれ（不得外現賢善精進之相内懐虚仮）（T. 1753, xxxvii 270c27–271a1）。

だが末世の凡夫が、このような真実心を起こすことは不可能だ。内と外が違うからこその凡夫である。そこでまず、法然がこれをどう解釈するのかをみてみよう。『選択集』第八章私釈段では、つぎのように説明する。

至誠心とは、真実の心である。その具体的な様相は、かの文章（善導の書）のとおりである。ただし「外面は賢く善良で精進している姿を示し、内には虚仮を抱く」について、「外」は「内」に対する言葉である。つまり、〔修行者の〕外面〔の姿〕と内面の心とがズレている、という意味である。（中略）もし、外面〔の長所〕を翻して内面に蓄積するならば、まさしく解脱への要件を具備できよう。（中略）もし、内面〔の短所〕を翻して外面に放つならば、また解脱の要件を充足できるだろう。

内と外とのズレが不真実心なら、そのズレを修正すれば真実心になるが、その修正の仕方は二つしかない。一つは「外を翻して内に蓄える（内心を外面に一致させる）」方法で、これが善導の主張だ。内心の虚仮を転じて賢善精進の心にすればよい。そうすれば内と外は一致するが、凡夫には極めて難しい。もう一つは「内を翻して外に施す（外相を内心に一致させる）」方法、つまり内も外も虚仮で統一することだ。

虚仮である自分を偽らず、また自分を飾らず、ありのままの自分をさらけ出すことで外相と内心を一致させ、それをもって真実心となす（この至誠心釈《しじょうしんしゃく》については、「外相はともかく、内心が真実であることが重要」とする解釈もある）。

では親鸞はこれをどう解釈したのか。その改読は『愚禿鈔《ぐとくしょう》』にみられ、「外に賢善精進の相を現すことを得ざれ、内に虚仮を懐けばなり」と読む。「内が偽りだらけであるから、外面を取り繕ってはならない」というのが親鸞の立場だ。

もう一つ、善導の『観経疏』「玄義分《げんぎぶん》」の改読を紹介しよう。以下、その原文は「道俗時衆等各発無上心。生死甚難厭仏法復難欣」(T. 1753, xxxvii 245c9-10)であり、通常は「道俗時衆等、各々無上心を発せ。生死は甚だ厭い難く、仏法は復た欣い難し」と読む。しかし、親鸞はこれを、「道俗時衆等、各々無上心を発せども、生死は甚だ厭い難く、仏法は復た欣い難し」と改読し、菩提心を発しても、生死を繰り返す輪廻は離れがたく、仏法を喜ぶ気持ちにもなれないと嘆息する。人間の側には一片の真実もないという自力放棄の姿勢が見事に現れている改読だ。

親鸞の新解釈

つぎに、伝統的な解釈を超えた、従来とは違った親鸞の新解釈の用例を一つだけ紹介する。善導は三心(至誠心・深心・回向発願心)を往生の要件とみなしたので、後の浄土教家もこれを無視できなかった。専修念仏を目指した法然は、善導が往生の要件とする「三心十念仏」を念仏の一行に収斂させなければならなかったが、法然は「念仏すれば三心は自ずと具足する」と解釈し、念仏に三心を吸収した。一方、親鸞はこの三心を信心に吸収していく。

この三心はもともと『観無量寿経』に説かれるが、親鸞は『無量寿経』第十八願にある「至心信楽欲生我国（至心に信楽して我が国に生ぜんと欲し）」の「至心《ししん》・信楽《しんぎょう》・欲生《よくしょう》」を三心の「至誠心・深心・回向発願心」にそれぞれ置き換える。そして、『無量寿経』第十八願に「至心・信楽・欲生」の三心が説かれるのに、世親《せしん》は『往生論』の冒頭で「世尊我一心帰命尽十方無碍光如来願生安楽国」とし、「一心」しか説かないのはなぜかという問いを立て、「愚鈍の衆生、解了やすからしめんがために、弥陀如来、三心を発したまうといえども、涅槃の真因はただ信心をもてす。このゆえに論主、三を合して一とせるか」（『教行信証』信巻）と答える。つまり、親鸞は第十八願の三心を世親の一心と同一視し、その一心を信心と解釈してそれを往生の正因とする。

本来、この三心は『観無量寿経』に説かれるものだが、この経典は漢訳とウイグル語訳が存在するのみで、インド原典もチベット訳も現存しない。よって、その成立に関しては中央アジア撰述説や中国撰述説などがあり、決着をみていないが、少なくともインド撰述ではないというのが大方の見方だ。

とすれば、インドの世親が『観無量寿経』を知っていた可能性は極めて低く、ましてや世親が三心を一心として理解したことは歴史的にはなかったと推察される。しかし、親鸞はそう解釈し、それに基づいて新たな仏教を樹立した。このように、解釈はあくまで解釈であり、必ずしも歴史的事実に基づいてなされるわけではない。
さらに親鸞は、この信心を新たに解釈していく。浄土教では徹底した自己否定の一環として「懺悔」が重要な意味を持つが、善導の懺悔は徹底しており、「毛穴から血が流れ出るような懺悔」を筆頭に三種類の懺悔（三品の懺悔）を説いた。親鸞の『浄土高僧和讃』では善導を、「真心徹到する人は金剛心なりければ三品の懺悔する人とひとしと宗師はのたまえり」と評する。これは善導の懺悔を前提とした和讃だが、ここでは「真心徹到」が「金剛心」と見なされている。ではこの金剛心とは何か。『教行信証』で金剛心とは、信心を意味する。『教行信証』「信巻」をみてみよう。

これらの三心は、すでに述べたように、疑いが混じっていないから真実の一心なのである。これを金剛の真心という。この金剛の真心を真実の信心という。

この解釈に従えば、真心徹到の「真心」は「真実の信心」であり、それは衆生の側が発すものではなく、阿弥陀仏より回向されたもの、すなわち「如来より賜りたる信心」である。これを前提に『浄土高僧和讃』を解釈すれば、真心徹到とは、「〈阿弥陀仏の信心が私の〉髄に到り徹る（左訓）」、つまり「私を貫き通す」ことを意味する。こうして、懺悔を可能にするのも「信心」となる。

煩悩ゆえに懺悔することは困難だが、できたとしても、それは自らの努力によるのではなく、阿弥陀仏から賜った信心によると考えるのが親鸞仏教の特徴である。こうして法然の浄土教はさらに親鸞によって再解釈され、多様化していった。

三、道元

修証《しゅしょう》一等《いっとう》と行持《ぎょうじ》

鎌倉時代になると、浄土教とは対照的に、末法を認めず、この世での覚りを目指す禅仏教も新たに開花した。その先陣を切ったのが栄西《えいさい》だ。栄西の禅は兼修禅と評されるように、律と禅との併修であったが、道元は只管打坐《しかんたざ》という坐禅の専修を説いた。ここでは道元の仏教を手がかりに、禅の変容および多様化を確認していく。

まず道元の仏教で指摘すべきは、三学（戒・定・慧）の関係性を道元が変更した点であろう。伝統仏教における三者の関係は、戒（戒律を保つこと）と定（禅定を修すること）とによって慧を獲得するので、戒と定は手段、慧は目的という関係になる。これは栄西にも継承され、戒と定との併修により、慧の獲得を目指す。ところが道元はこの関係を破棄し、定＝慧とみなす。これを「修証一等」という。この場合の修は禅定《ぜんじょう》、証は慧に置換可能なので、道元は手段である定の位置づけを変更し、慧（証）と同一視した。この場合の定の内容は只管打坐であるが、これにくわえ道元仏教で重要なのは「行持」、つまり坐禅を継続して実践することにある。これを押さえて、つぎに進もう。

道元の改読

親鸞に劣らず、道元も随所で伝統的な読みを自らの修行体験に基づいて改読し、斬新な解釈を展開する。さまざまな改読があるが（平岡［2022a］）、ここでは『正法眼蔵《しょうぼうげんぞう》』「諸悪莫作《しょあくまくさ》」から、「七仏通誡偈《しちぶつつうかいげ》」に対する道元の改読を紹介する。

七仏通誡偈は、六人の過去仏とブッダを含む七人の仏が共通して誡めとした偈文とされる。インド原典の内容は「悪を為さないこと、善を実践すること、自己の心を調御すること、これが諸仏の教えである」だが、これが中国で漢訳されると、「諸悪莫作　衆善奉行《しゅぜんぶぎょう》　自浄其意《じじょうごい》　是諸《ぜしょ》仏教（諸悪は作す莫れ　衆善は奉行すべし　自らその心を浄めよ　是れ諸仏の教えなり）」（別訳もあるが省略）となる。

これが通常の読みであり、インド原典では平叙文だった前三句は漢訳では命令文として読まれてきたが、両者に大きな違いはない。しかし、道元はこれを大胆に改読する。ここでは、四句のうち、諸悪莫作と衆善奉行の解釈のみを紹介しよう。そして最後に、『正法眼蔵』「仏教」から「到彼岸《とうひがん》」の改読も紹介する。

①諸悪莫作

道元はこれを「諸悪は莫作なり」と読む。仏教では善悪に関して「善／悪／無記（善でも悪でもないもの）」の三つに分類するが、いずれも実体はないと説く。「縁起・無自性・空」という仏教の真理からすれば当然の解釈だ。善悪は相対的であり、絶対的な善悪はない。世間的（相対的）な我々の世界からみれば、善悪の区別は存在するが、出世間的（絶対的）な真理の世界では善悪を超越した平等な次元が存在する。仏教は縁起思想に基づき、相対立する概念（生死と涅槃・煩悩と菩提・現象と本質など）の「相即／不二《ふに》／一如」を説くので、善悪も相即して一味平等となる。

そして修行をしていると、「諸悪莫作（諸悪は作す莫れ）」という声が聞こえてくるという（この場合の「諸悪」は世間的（相対的）な世界における「善悪」の「悪」であり、それを禁止するという通常の理解による「諸悪莫作」）。この声は無上菩提（覚り）の言葉であり、その言葉は覚りそのものであるから、それを聞いた者は凡夫の状態から転換され、「諸悪莫作」を願い、「諸悪莫作」を実践していく。

こうして、諸悪がもはや作られなくなっていく（諸悪は莫作なり）ところに、修行の力（真理の側からの作用）が現成してくると道元は考える。逆から言えば、修行の力が現成すれば、自ずと諸悪は作られない状態になる。

ここまでくると、諸悪莫作の方向性が見えてこよう。つまりこれは、真理（覚り）の側から衆生（迷い）の側への働きかけとして語られており、本来的な次元で諸悪は「莫作（＝非存在）」として提示される。換言すれば、本来的な真理の次元においては、悪そのものが存在しないという意味になろう。この方向性を意識しておかないと、この道元の解釈は理解不能となる。さらに進んで、この「莫作」は「諸悪」から独立して、高次の意味が付与される。

道元はこの巻で「諸悪は莫作にあらず、莫作なるのみなり」という難解な表現をする。これは多様に解釈されるが、頼住［2011］は「〈諸悪ぬきの〉「莫作」そのものがあるだけだ」という意味に解釈する。つまり、ここで「莫作」をめぐる議論のレベルが変わったと頼住は理解する。「莫作」が「諸悪」の深層の次元における「非存在」というあり方を開示する言葉であることを超え、さらに諸悪のみならず、その次元における、あらゆる存在のあり方を明らかにする言葉になったと頼住は指摘する。

道元はさきほどの表現につづき、「春松（以下、秋菊・諸仏・自己などが同じ表現で語られる）は有にあらず、無にあらず、つくられざる（莫作）なり」と言う。つまりこれは、春松・秋菊・諸仏・自己など、一切の存在が有無を超えた無分別（莫作）なるものであり、それゆえに、現象している一切の個別の存在はそれぞれ実相の表れという意味で、すべて等価であることを意味する。

道元は「諸悪」を入口として「莫作」を語りながら、その出口では「諸悪」という限定を超え、一切の存在を存在せしめている「莫作」を語る。とすると、この「莫作」は「無為（永遠絶対の真実・真理）」と同等の概念を有していることになる。

②衆善奉行

「諸悪莫作」が真理（覚り）の側から衆生（迷い）の側への働きかけとして語られていたとすれば、この「衆善奉行」は逆に自己を起点とし、その自己が本来的な真理（覚り）へと超出していくという方向性を持つ。「諸悪莫作」と「衆善奉行」は、同一の事態をどちらからみるかの違いしかない。よって、「諸悪莫作」である「証」と「衆善奉行」である「修」は「証修一等」なのである（頼住［2011］）。

道元は、修行者を離れ、修行者を待ち受けているようなものとして善を理解せず、善をなした（奉行）まさにその瞬間、衆善が現成すると説く。換言すれば、善は先験的に存在しているのではなく、修行（奉行）という行為を通してしか存在しないのだ。

道元は「いづれのところの現成、いづれの時の現成も、かならず奉行なり。この奉行にかならず諸善の現成あり」と説く。いつでもどこでも修行（奉行）すれば、必ず真実の時空が現成し、そこに諸善も現成すると説く。「諸悪莫作」は「諸悪は作す莫れ」ではなく「諸悪は莫作なり」と解釈されたように、「衆善奉行」も「衆善は奉行すべし」ではなく、「衆善は奉行なり」（諸善は修行で現成する）と道元は解釈する。

ここで重要なのは、個人の修する一善がそのまま絶対的な善になっているという点だ。「修証一等」の立場からすれば、個人の修行という個別な行為で現成する善も絶対的な善であり、相対的に見える「一善」も、じつは絶対的な善の顕現ということになる。これについて、南［2008］は「教えにしたがって修行している者が、当然為すことが「善」で、教えにしたがう限り自然に為さなくなることが「悪」なのだと、説くのである。つまり、修行者の善悪はまさに修行において決まる」と端的に示す。

③到彼岸

大乗仏教の実践道は「六波羅蜜（布施・持戒・忍辱《にんにく》・精進・禅定・智慧）」である。この「波羅蜜」はインド語の「パーラミター（pāramitā）」を音写したもので、その語源については二つの解釈が存在する。一つは「最上・最高」を意味する「パラマ」の女性形が「パラミー」であり、これに抽象名詞を意味する「ター」が付されて「パーラミター」ができるので、その意味内容は「成就・完成・最高」となる。もう一つは「彼岸に（パラム）到った（イ）状態（イタ）」と解釈するもので、これによれば「到彼岸」と漢訳される。このうち、道元は後者の「到彼岸」を「彼岸到」と改読し、新たな解釈を試みる。

六波羅蜜というのは彼岸到である。彼岸には、そこへ往来する性質も跡形もないけれど、必ず到るのである。到るということは仏教の決まりである。しかし、修行によって彼岸に到ると思ってはならない。むしろ、彼岸に修行があるから、修行すれば彼岸が到るのである。なぜなら、この修行は、必ず全世界が〈修行者に〉現成するという力量をそなえているからだ。

道元は修行を我々の側ではなく彼岸の側からとらえ、「私が修行して彼岸に到る」という常識を覆し、「〈彼岸の側からの〉修行の働きかけによって、私に彼岸が到来する」と解釈するのである。

道元の新解釈（転釈）

道元の新解釈の事例を石井［2016］に基づき紹介しよう。ここで取り上げるのは経典ではなく、公案の解釈だ。石井によれば、道元は師の如浄《にょじょう》から正伝の仏法として「身心脱落《しんじんだつらく》」や「只管打坐」を標榜したが、それは中国禅思想史の中に位置づけられない特徴を含んでいた。では公案に対する伝統的な解釈を、道元はどう独自に解釈したのか。話題にするのは「磨塼作鏡《ませんさきょう》」の話である。これは、南獄懐譲《なんがくえじょう》と馬祖道一《ばそどういっ》との間に交わされた坐禅修行の心構えについての話だ。まずはその会話を紹介する。

馬祖は南獄のもとでいつも坐禅をしていた。それを見て、南獄は尋ねた。

南獄「そなたは、坐禅して何をなさろうとしているのか」

馬祖「仏になろうとしております」

それを聞いた南獄は一枚の敷き瓦を取って、石にあてて磨きだした。それを見た馬祖は質問した。

馬祖「敷き瓦を磨いてどうしようというのですか」

南獄「磨いて鏡にするのだ」

馬祖「敷き瓦を磨いて、どうして鏡にすることができましょうか」

南獄「敷き瓦を磨いて鏡にならないのなら、どうして坐禅して仏になることができるのかな」

中国禅には日常生活そのものを仏道修行ととらえる特徴があるが、これについては中国仏教の禅で説明したとおりである。坐禅だけが修行ではないというのが中国禅の修行観だが、道元はふたたび修行を坐禅に収斂させていく。この違いをふまえ、中国禅の伝統的な解釈と、道元の新解釈を比較してみよう。

この公案で、南獄は弟子の馬祖が仏になるために行っていた坐禅に対し、その意気込みを「敷き瓦を磨いて鏡にしようとする無駄な努力」と批判した。坐禅のみにこだわり、坐禅だけを重視すれば、「日々の日常生活全般が修行」という中国禅の伝統を否定することになるので、この公案はそれに警鐘を鳴らす意味があった。

では、道元はこの伝統的な解釈にどう対峙したのか。道元は『正法眼蔵』「坐禅箴《ざぜんしん》」でこの問答を引用し、新たな解釈を試みる。この問答を引用するにあたり、道元は「馬祖道一は南獄懐譲に参学していたおり、〔師から〕心印《しんいん》（祖師としての認定）をしっかりと受け取って以来、常に坐禅していた」と書き出す。まずここに注目しよう。

ここでは「覚った後の坐禅」について、師である南獄との間に問答が交わされるという設定になっているが、そのような設定で問答が行われたことを記す資料はまったくない。つまり、このような設定の変更は道元の独創と考えられるが、この変更により、この問答の意味内容はまったく変わってしまう。何がどう変わるのか。

馬祖が祖師として認定されている（すでに覚っている）という前提に立てば、馬祖の修する坐禅は「仏になるための修行（坐禅）」ではなく、「仏としての修行（坐禅）」となる。とすれば、南嶽が敷き瓦を磨いたことの意味づけも変わってくる。それは、伝統的な解釈「不可能なこと／無駄な努力」を示すためではなく、馬祖が実践する「仏としての修行（坐禅）」を、別の形で示したことになろう。つまり、「瓦として完成した形であっても、それを磨き続けなければならない」ことを意味することになるのだ。

「修証一等」や「行持（修行の継続）」を眼目とする道元仏教では、坐禅は「仏になるための手段としての修行」ではなく、「仏であるがゆえに、仏として継続して行うべき修行」となる。こうして道元は、自らの信念に基づき、従来の伝統的な解釈を変更した。道元の立場は「道は無窮なり。覚りてもなお行道すべし」（『随聞記《ずいもんき》』）なので、「仏になったらすべて完成し、なすべきことはない」とはならない。仏は「点」ではなく「線」で理解すべきであろう。

ある時間の一点をもって「成仏」が成就するのではない。「修証一等」は「修＝証」であるから、修し続けなければ証はない。つまり、修という点の連続（線）が仏であり続けることになり、修を止めれば証もなくなる。こうして、瓦は磨き続けなければならないことになる。これが「磨塼作鏡」に対する道元の新解釈だ。この道元禅の修行の継続を、石井 [2016] はダイナモライト、つまりダイナモ（たとえば、自転車についている発電機）を回し続けなければ、ライトは消えてしまうことで説明する。

角田 [2012] は「磨塼作鏡」に対する道元の新解釈を、「これは常識的に考えれば誤釈であるかもしれない。しかし、たとえそうであっても大いなる誤釈ではあるまいか」と指摘する。「誤釈」と卑下する必要はまったくない。本書の理解をふまえれば、これは「誤釈」ではなく、立派な「新（解）釈」なのである。

四．日蓮

唱題の歴史

易行ゆえに〝劣行〟とみなされる念仏と唱題の行を〝勝行〟として確立するために、法然と日蓮も同じ苦労を背負わなければならなかった。また禅と違い、念仏も唱題もインドには直接遡りえない行だけに、それを「全仏教を統合する行」として仏教の行の本道に据えるには、相当な方策（解釈や物語化）が必要であった。しかしその分だけ、その方策は洗練されたとも言える。ここでは日蓮による唱題の解釈や物語化を整理し、多様化の道を辿ってみよう。まずは唱題の歴史から。

〈法華経〉には〈法華経〉受持の功徳は説かれているが、「南無妙法蓮華経」と声に出して唱える「唱題」は説かれていない。よって、インド仏教に唱題の起源は求められないが、中国仏教では智顗の『法華三昧懺儀《ほっけさんまいせんぎ》』に唱題の用例が確認できる。これが仏教史における唱題という行の初出であろう。

日本仏教では、平安時代より唱題の原形らしきものが確認できる（高木［1973］）。まず、菅原道真が八八一年に草した「吉祥院《きっしょういん》法華会《ほっけえ》願文《がんもん》」に日本最古の用例がみられる。道真は観音像を新造して観音の讃仰と『法華経』の講義を行い、その由来が願文に記されているが、その末尾に「南無観世音菩薩南無妙法蓮華経如所説如所誓引導弟子之考妣速証大菩提果（後略）」とある。これは道真が亡き両親の菩提の速やかな証得《しょうとく》を祈請《きしょう》したもので、唱題最古の用例と考えられているが、これが声に出して唱えられた（唱題）かどうかは不明。

また一〇世紀末の用例として、天台宗の僧である覚超《かくちょう》の『修善講式《しゅぜんこうしき》』がある。講式とは法会・法要を行う際の儀式の次第を文章化したもので、時代が下ると、音楽性などの要素が付加され、声明的な要素も持つ。ここに「南无（無）大恩教主尺迦大師七反打南无一乗妙法蓮花経七反打（後略）」とあり、「七反打（七回唱える）」との注記から、唱題したことは明白だ。さらには、源信《げんしん》著『空観《くうがん》』の末には、「南無阿弥陀仏・南無妙法蓮華経・南無観世音菩薩」と帰依し唱えて、往生を願うことが説かれている。

つぎに、唱題が「易行《いぎょう》」であることを示す用例を紹介しよう。唱題の易行性は日蓮以前にその萌芽がみられる。鴨長明撰『発心集《ほっしんしゅう》』七八「中将雅通持法華経往生事」には、智者がわが子を仏法に結縁させるために、言葉が話せるようになれば、まず唱題から教えはじめ、さらに一句ずつ口うつしに一章一経と教えていった話がみられる。つまり易しい唱題から難しい誦経へとレベルを上げていくことを伝えている。

また念仏との対比で重要なのが、臨終唱題だ。最澄作と伝えられる『修禅寺相伝私注』には「臨終の時に南無妙法蓮華経と唱えれば、妙法の三力の功により、速やかに菩提を成じ、（中略）故に臨終の行者は法華の首題を唱えるべきである」とあり、臨終時の行となっていたことがわかるが、念仏ほどには普及しなかった。

唱題のアイデンティティ変更

唱題はインドに起源はないものの、中国天台にその萌芽がみられ、また日本では平安期以降、行としての地位を確立しつつあったので、唱題自体は日蓮の独創ではない。だが、法然が従来からあった念仏のアイデンティティを変えたように、日蓮も従来の唱題のアイデンティティを変更して唱題に新たな命を吹き込み、末法に通じる唯一の勝行として甦らせた。では、新たな唱題論はいかなる解釈に基づいて可能となったのか、間宮［2014］に基づき紹介しよう。

日蓮が〝法華経の究極の法門〟とみなしたものに「一念三千《いちねんさんぜん》」がある。この表現自体は〈法華経〉にはなく、智顗の思想に基づく（第五章参照）。そして、智顗が仏の境界を目指して完成させたのが一念三千に思念をこらす修行（止観行《しかんぎょう》）だが、日蓮はこれを「法華経の珠」ととらえて発展させた。一念三千は衆生を含む全世界を貫く理であるが、末法の衆生の側からは決して把握できない世界であり、超越的領域にある仏の境界と言える。

しかし日蓮は、そのような超越的領分が文字を媒介として、『法華経』のすべてを包摂するものとして仏の側から我々に示されているもの、それが「妙法蓮華経」という五文字であると主張する。また、それこそが「題目」であり、仏は衆生が「南無」すべき客体として「妙法蓮華経」の五文字を衆生に差し出したととらえる。佐渡流罪期に記された『観心本尊抄《かんじんほんぞんしょう》』は、つぎのように記す。

一念三千を識らない者に、〈釈迦牟尼《しゃかむに》〉仏は大いなる慈悲を起こし、〈妙法蓮華経という〕五字の中にこの珠（一念三千）を包み、末代の未熟な衆生の首に懸けてくださったのである。

仏の大慈悲によって差し出された「妙法蓮華経」の五字を受持《じゅじ》（＝唱題）すれば、衆生は一念三千という仏の功徳を自然に譲り与えられると日蓮は考える。唱題は『法華経』に信を置くことの端的な表明であると同時に、功徳において仏と衆生を同等にし、唱題を通して即身成仏《そくしんじょうぶつ》が達成されると日蓮は解釈した。ここに日蓮独自の題目論が確認される。このような解釈も日蓮独自のものであり、日蓮による物語の創造である。

また日蓮は『十章抄』で、「真実の修行として、常に口に唱えるべきは南無妙法蓮華経、心に観ずべきは一念三千の観法である。しかし一念三千の観法は智者の行であるから、今の日本国の在家の者には、ただひたすらに南無妙法蓮華経と唱えさせるべきである。妙法の名を唱えれば、必ず妙法の体と成る功徳が具わるからである」と説く。こうして日蓮は末法劣機《まっぽうれっき》の自覚に立ち、智者の行である一念三千の観法に代わる法華唱題の専修を人々に勧めた（花野［2014］）。

このように、日蓮は全仏教の経典の中から『法華経』のみを選択しただけでなく、その『法華経』の精髄を「妙法蓮華経」という題目に絞り込み、その題目にあらゆる功徳が込められていると考え、末法の世に誰もが実践できる行として唱題の専修に踏み切った。では日蓮はいかなるロジックを使い、唱題の一行に全仏教の行を統合したのか。

四箇格言《しかかくげん》

日蓮が特別視した『法華経』所説の究極の法門は一念三千だが、それは「妙法蓮華経」の五字に包摂されていると解釈し、我々がなすべきは唱題だけでよいとした。法然が念仏を選択して諸行を捨てたように、日蓮も唱題を選択して他を捨てた。これを端的に表すのが「四箇格言（念仏無間《むげん》・禅天魔・真言亡国・律国賊）」だ。日蓮は「念仏は無間地獄に堕ちる業、禅宗は天魔の所為、真言は亡国の悪法、律僧は国賊の妄説」と他宗を厳しく批判したが、これは佐渡流罪以降に熟した思想である（佐々木［2004］）。

たしかに四箇格言は諸宗を批判しているが、その真意は何か。唱題の優越性を示すために、他の行を劣行として否定したと一般的には理解されているが、はたしてそうか。末木［2010a］の解釈を紹介しよう。日蓮が他宗を否定したのは、他宗・他行が必要ないという教学的な根拠を充分に確立したからであり、唱題がそれらの要素をすべて包摂した総合的なものとして確立されたという宣言であったと末木は指摘する。

日蓮が末法の行として示した三つの重要な法門は、「三大秘法（本門の本尊・本門の戒壇・本門の題目)」と呼ばれる。このうち本門の題目は、『法華経』の究極の法門である一念三千、すなわち五字の題目であり、これを唱えることが主題であるが、日蓮は唱題を念仏に取って代わる末法の行とした。唱題の確立で、念仏は不要となる。

つぎに本門の戒壇。戒壇とは出家者になるために戒を授かる道場を指すが、唱題が仏道修行者としての戒律を受けることを意味し、この妙法五字を受持する道場が本門の戒壇であると日蓮は考えた。こうして唱題が戒律を包摂することで、律宗の存在価値はなくなる。

本門の本尊とは『法華経』「如来寿量品」所説の久遠実成《くおんじつじょう》のブッダ(永遠不滅の仏)だが、そのブッダが説いた教えこそ「妙法蓮華経」であり、それを図像化したのが日蓮独自の大曼荼羅である。中央に大きく「南無妙法蓮華経」と書かれ、その周囲には「南無釈迦牟尼仏」「南無多宝《たほう》如来」など多くの仏菩薩の名前が記され、密教の不動明王や愛染明王、はては日本の天照大神や八幡大菩薩まで入り、四隅には四天王の名前が配される。この題目を中央に据えた大曼荼羅が真言密教を吸収する。

三大秘法により、念仏・律・真言は題目に取って代わられるが、では禅はどうか。智顗は一念三千に思念をこらす止観行を完成させたが、これは精神集中の行なので禅の役割を果たす。しかし、日蓮が止観よりも唱題の方が勝行であるととらえたことはすでにみた。こうして、禅も唱題に吸収される。

このように、念仏・禅・律・真言はすべて唱題に包摂され、唱題を標榜する日蓮の仏教こそがすべての要素を包含する総合仏教として確立される。つまり、四箇格言は他宗を批判しているが、それは単なる批判ではなく、他宗・他行の要素をすべて摂取した総合仏教としての唱題行が完成したこと、そして、そのことにより他宗・他行が〝必要なくなった〟と理解する方が、四箇格言の本質を言い当てている。換言すれば、唱題の中に念仏・禅・律・真言、つまり全仏教が含まれるので、もはや他の行が独立して実践される必要はないと日蓮は考えたのである。

常不軽《じょうふきょう》菩薩の受難：其罪畢已《ございひっち》

最後に、〈法華経〉が漢訳される際の突然変異が、仏教の多様化および日蓮仏教の誕生に大きく寄与した事例を紹介する。中国仏教の天台教学を説明する中で、鳩摩羅什《くまらじゅう》の『法華経』の誤訳により「十如是」説が展開したように、ここでも鳩摩羅什が『法華経』を漢訳する際の〝加筆〟によって日蓮の思想が形成されたことを確認する。

日蓮が数多の法難に立ち向かう際に、原動力となったのが『法華経』所説の常不軽菩薩であった。常不軽菩薩はブッダの本生《ほんじょう》であり、過去世《かこぜ》においてブッダは常不軽菩薩として数々の災難を耐え忍んだが、なぜ常不軽菩薩が災難を経験したのか。それは常不軽菩薩の過去世での悪業によると『法華経』は説明する。当該の箇所は、極めて簡単ながら「其罪畢已（其の罪、畢《お》え已《おわ》りて）」と漢字四文字で表現される。これは鳩摩羅什訳『法華経』のみにみられる記述で、インド原典やチベット訳、それに他の漢訳二本にもみられない。当該箇所のインド原典を鳩摩羅什の漢訳と比較してみよう。

鳩摩羅什訳：其の罪、畢え已りて、命終の時に臨み、この経を聞くことを得て、六根清《ろっこんしょう》浄《じょう》なり（T. 262, ix 51b18–19）。

インド原典：死期が近づいたときに、彼はこの経典を聞いた。そのとき、かの賢者は死ぬことなく、長い寿命を我がものとした（SP 384.2–3）。

では、日蓮は鳩摩羅什の漢訳をどう解釈したのか。『開目抄《かいもくしょう》』と『転重軽受法門《てんじゅうきょうじゅほうもん》』の用例をみてみよう。

『開目抄』：『法華経』「常不軽菩薩品」には「その罪おえ終わって」などとある。常不軽菩薩は過去世に法華経を誹謗された罪が身にあるので、瓦や石を投げつけられたと理解している。

『転重軽受法門』：常不軽菩薩が悪口を言われ、罵詈され、杖木や瓦礫を投げつけられたのは理由のないことではなかった。それは彼の過去世で正法を誹謗したからだと考えられる。経文に「其罪畢已」と説かれているのは、常不軽菩薩が難に遭ったことで、過去の罪が消滅したと思われる。

『法華経』は「其罪畢已」としか説かないのに、日蓮はその罪の内容を「正法（『法華経』）の誹謗」と限定して理解する。経典に典拠がないことは自覚しているので、日連は「と理解している／と思われる」と断定を避けた表現をとるが、この記述は日蓮にとって決定的だった。Suzuki [2017] は「其罪畢已」が漢訳段階での鳩摩羅什の加筆であること、また松本 [1994] は鳩摩羅什がこの語を『金剛経』の諸説に基づいて補ったことを論証しているが、そのような歴史的経緯は日蓮にとって問題ではなく、「常不軽菩薩が過去世で罪を犯していた」という事実が重要であった。なぜか。

常不軽菩薩を自分の模範と考えた日蓮にとって、常不軽菩薩と自分との共通点は多いほど都合がよい。より身近に感じられるからだ。法難に遭ったという点で、二人の境涯は見事に重なる。これはこれでよい。問題はその受難の理由だ。

『法華経』に帰依する以前、日蓮は念仏に心を寄せていた時期があり、密教を『法華経』

の上位に置いていたこともあったが（間宮［2017］）、それは結果として『法華経』を誹謗したことになる。その『法華経』誹謗の罪を受難の理由として正当化した日蓮が常不軽菩薩と自己との同一視をさらに強固にするには、この過去の罪についても常不軽菩薩との共通点を見出すことが必要だった。そこで日蓮は「其罪畢已」の四文字に注目し、常不軽菩薩に受難をもたらした罪として「正法（法華経）の誹謗」を想定し、これについても常不軽菩薩との同一視を試みた。

もし常不軽菩薩の受難の理由が「ブッダの方便（ブッダは業報《ごうほう》を超越した存在だが、法華経弘通《ぐずう》の困難さを衆生に示現するために、方便として災難に遭ってみせた）」などと超越的な視点で説明されていたら、日蓮は自分と常不軽菩薩とを重ね合わせることはできず、日蓮仏教は誕生していなかったし、そうなればSuzuki［2017］の言うように、日本仏教の歴史は大きく変わっていただろう。「偉人の苦果」は偉人を身近（リアル）に感じさせ、また人を勇気づける働きを持つ（平岡［2021b］）。

ここでも、突然変異（鳩摩羅什の加筆）によって日本仏教史の流れが大きく変わった事例を確認することができる。大事なのは、その変異が新たな解釈を生み、その解釈が理法の器（教法）となることだ。突然変異の原因は何でもよい。

終章　仏教の多様化

本書では、インドに端を発し、中国を経て日本の鎌倉期に至る仏教の歴史を、「多様性／多様化」という観点から整理してみた。これにより、さまざまな突然変異が地域性と時代性の淘汰を受けながら生き残ってきた経緯を確認したが、仏教の全体像を俯瞰し終えた今、本章であらためて仏教の多様化についてまとめておく。

釈迦牟尼教ではなかった仏教

本書では多様化の要因を言語の性質（外的要因）と聖典解釈（内的要因）に求め、その具体的事例を紹介してきたが、その根底にある、より本質的な多様化の要因は、「仏教が〝釈迦牟尼教〟ではなかった」ことにある。つまり「仏教」の「仏」は固有名詞の仏、すなわち釈迦牟尼仏（ブッダ）ではなく、普通名詞の仏（目覚めた人一般）を意味したがゆえに、ブッダの教えにこだわる必要はなかった。だから多様な解釈が許容されたのである。ここに仏教多様化の本質がある。

教団が組織された最初期、ブッダ以外にも「仏」と呼ばれていた仏弟子がいたことを並川［2005］は論証している。伝統仏教の最古層の経典に Buddha の複数形の用例が多数確認でき、また Buddha と同義語の Tathāgata（如来）や Sugata（善逝《ぜんぜい》）も古層の韻文経典に存在することから、「如来／善逝」もブッダに限定された呼称ではなく、初期の段階では覚りを完成させた修行者の一呼称として使用されていたと並川は指摘する。

これを援護する用例として、並川は Buddhaseṭṭha の用例をあげる。この語は「仏たちの中でもっとも優れた者」を意味するが、このような呼称でブッダを呼ばなければならなかったのは、仏と呼ばれていた者たちの中から彼だけを特殊化しなければならなかったからであり、これは当時「仏」と呼ばれていた仏弟子や修行者が複数存在していたことの証左になると言う。つづいて並川は、Buddhānubuddha の用例を検討する。『長老偈《ちょうろうげ》』のカウンディンニャの詩頌に、つぎのような表現がみられる。

激しく精進せるカウンディンニャ長老は、ブッダに従いて覚りし人（仏）なり（Buddhānubuddha）。生死《しょうじ》を断じ、梵行を実践せし唯一の人なり（Th. 679）。

このほかにも同様の用法が確認され、この複合語に対する注釈書の解釈は一定ではないが、この複合語は「ブッダに従って覚った人」と理解できる。また anu- という接頭辞は、「したがって」と主従関係を示すこともあるが、「つづいて」という連続を意味し、さらには「つづいてここに新しく」も意味する。だからこの複合語は「覚った人々につづいて、ここに新しく覚った人」とも解釈できる。以上から、並川は Buddha が弟子をも意味する呼称であったとし、宗教的境地に関し、仏弟子はブッダと同じように表現されていたことを論証している。

つまり、Buddha はブッダ固有の呼称ではなく、真理に目覚めた仏弟子も Buddha と呼ばれていたが、時間の経過とともに、ブッダが神格化される過程で普通名詞の Buddha は固有名詞化し、ブッダ固有の呼称となった。並川［2017］が指摘するように、仏教は最初から〝仏たちの教え〟だったのである（並川［2017］のタイトルは『ブッダたちの仏教』だが、ここではこれを「仏たちの教え」と表現する）。

歴史的に Buddha と呼ばれうる人はブッダだけだったが、インド以来、日本の仏教に至るまで、仏教徒は真摯な仏教教理の研究者であると同時に、敬虔な仏教の実践者でもあった。その研究と実践とを通じて彼らは理法（真理）と接触し、その体験を教法として言語化した。形而上的な理法は、言葉をはじめ、いかなる表現も超えているが、その理法の表現の仕方は千差万別だ。言葉を介せば教法、造形を介せば仏像や仏画（曼荼羅など）、そして身体技法を介せば修行の作法となる。こうして、不易の理法は教法としてさまざまに流行する。仏教の多様化は必然だった。

「筏の喩え」でブッダは自分が説いた教法を否定し、また仏滅後の帰依処《きえしょ》を「自灯明《じとうみょう》・法灯明《ほうとうみょう》」と伝えた。釈迦牟尼教なら、自分および自分が説いた教えは絶対であるから、ブッダは弟子たちに「解脱した後でも筏は後生大事に取っておけ」と言ったであろうし、「自灯明・法灯明」の「自」は「自分（ブッダ）自身」、「法」は「自分が説いた教法」となっていただろう。そうなれば、仏教は歴史に淘汰され、今日まで生き残っていなかったかもしれないし、かりに生き残っていたとしても、今とはずいぶん様変わりした宗教になっていたと想像される。

「仏説」の意味を問い直す

仏教の「仏」が「普通名詞の仏」であり、仏教は「仏たちの教え」であることを確認したので、下田［1997］に基づき、ここでは「仏説」の意味をあらためて問い直してみよう。初期経典中には、仏説をめぐってつぎのような記述が確認できる。それは仏説か否かを見極める三つの条件だ。マックイーン（MacQueen［1981-82］）は初期経典中のブッダ自身の言葉でないものを経典（＝仏説）とみなしうる基準として、以下の三点を指摘する。

①弟子が説いたものを、のちにブッダが承認したもの
②説法する前に、ブッダが承認して説かせたもの
③その説法に「霊感（pratibhā）」が認められるもの

ニカーヤの中には③に相当する経典が一二例あるようだ。また藤田［2011:125, 145(21)］は①に相当する経典、すなわちシャーリプトラらの高弟の説法も仏説として認められている経典を『雑阿含経《ぞうあごんきょう》』の中で七つ指摘する。また『増支部』には「何であれ、善く説かれたものは、すべて世尊・阿羅漢・如来の語である」という有名な経文がある。何を善く説いたのか。それは理法としてのダルマであり、これをうまく表現していれば、それは仏説とみなせる。これを逆から言えば、真理をうまく表現する人は「仏」であることをも意味する。また『経集《きょうしゅう》』（Sn 454）には「涅槃の達成や苦しみの終局といった〈宗教的利益〉をもたらす言葉であれば善説（＝仏説）とみなしてもよい」という仏説観もみられる（藤田［2011］）。

これらに照らして言うなら、大乗経典が「仏説」である根拠としては、③が適用されそうだ。大乗経典が仏説かどうかをめぐっては、インドの仏教の段階で議論はあったが、中

国や日本の仏教においては阿含経典と同様に大乗経典も「仏説」とみなされ、さまざまな教理が展開したことは本書でみたとおりである。

中国仏教では、中国撰述の経典も創作され、ときにそれは「偽経《ぎきょう》（疑経）」と呼ばれたが、一方でその教理や信仰に大きな影響を与えた偽経（疑経）も存在した。しかし、大乗経典が「仏説」とみなされる以上、撰述の地域にかかわらず、理法を反映した教法は「仏説」としての価値があり、「偽経（疑経）」という呼称には問題がある。現代でさえ「仏説」の経典は創作されうる。ただしそこには理法を反映した教法が説かれ、また自然淘汰の圧に打ち勝つ力がなければならない。

大乗経典には仏が直接説かなかったものも存在する。その代表格が〈華厳経〉だ。同経は毘盧遮那仏（法身）の神力を受けて普賢《ふげん》菩薩が説くという形態をとる。よって、厳密に言えば〈華厳経〉は仏説ではないことになるが、ここで確認した諸条件を備えていれば、〈華厳経〉も仏説とみなして何ら問題はない。

では論書はどうか。インド仏教の段階で、三蔵の中の論蔵が「仏説」とみなされ、しかも経や律を凌いで、最高の仏説とみなされるに至った経緯についてはすでにみたが、もしもそれが可能であるとすれば、中国で創作された論書も「仏説」とみなすことができる。ここではその例として一つだけ、善導の論書を取り上げよう。

第五章でも取り上げたように、善導は『観無量寿経』の注釈書『観経疏《かんぎょうしょ》』を著したが、その最後で善導は「此の義、已に証を請ふて定め竟んぬ。一句一字も加減すべからず。写さんと欲する者、一に経法の如くすべし」と記していた。まさに自分の書を仏説として扱うべきであるとする。それは同書が自らの深い宗教体験（理法との接触）に基づくものであり、恣意性のない内容であると確信したからこそ書けた一文ではないか。

著者自身がそう記さずとも、後世の仏教徒が著した書が「仏説」でありうるかどうかは時代が判断する。苦の滅に資する内容が説かれていれば「仏説」の価値を持ち、後世に大きな影響力を持つし、そのような論書は結果的に「仏説」に値するとみなされる。そう考えれば、仏説たる経典はこれからも産出されて不思議ではない。これに関し、並川［2017: 8］はつぎのように述べる。

その多様性は、仏教が長い歴史と広汎な地域を伝播したことによってのみ生じたわけではない。仏教は、絶対なる存在者に対する信仰によって成り立つ宗教ではなく、何よりも実存する一人ひとりの人間が自己の完成を求め、体得された真実の世界をそれぞれに表出した宗教ということである。

理法は仏教者の体験（修行）を通し、教法としてそれぞれ多様に表出されるので、新たな経典は産出される可能性があるし、また仏教が存続するためには産出されなければならないとも言えよう。

多様化と寛容性

多様化に関連し、ここでは仏教の寛容性について考えてみたい。多様化を認めることは、その背後に寛容性があることを意味するからだ。仏教の寛容性を探るには、教相判釈《きょうそうはんじゃく》（教判）と曼荼羅を取り上げるのがわかりやすい。

ここでは「寛容性」という観点から簡単に教判を復習しておこう。教判の祖型はインドにすでに見られたが、その本格的な形は中国仏教で誕生した。中国仏教の特殊事情により、歴史を無視して将来された仏典を序列づけ、価値づける作業に迫られた中国人が編み出した手法である。したがって、当然と言えば当然だが、最終的に自分がもっとも重視する経典や教えを最上位に位置づける反面、その他の経典や教えを価値なきものとして排除したり否定したりはしない。智顗《ちぎ》の五時教判も、『法華経』を最重視するが、『阿含経』も否定せずに取り込み、吸収してしまう。

その典型例が、空海の『十住心論《じゅうじゅうしんろん》』の教判だ。これは仏教のみならず、仏教以外の宗教も取り込み、決して否定はしない。この精神は曼荼羅にも息づいている。密教の曼荼羅で中心を占めるのは大日如来だが、そのほかの仏、菩薩を排除せず、それらをバランスよく配備し、見事な景観を描き出す。また同じ密教の曼荼羅でも金剛界と胎蔵界の二種があるが、空海はこの二つの曼荼羅に優劣をつけず、「金胎不二《こんたいふに》」と平等に扱った。

また、この曼荼羅は密教にかぎられるわけではない。極楽浄土の情景を描写した観経《かんぎょう》曼荼羅（当麻《たいま》曼荼羅）の中心は阿弥陀仏であり、そのほかの菩薩たちがその周囲を荘厳する。さらに日蓮の大曼荼羅では題目（南無妙法蓮華経）が中心に坐り、その周囲に釈迦牟尼如来らの仏や菩薩などが漢字で配される。それぞれの曼荼羅が独自の視点で混沌に秩序を与える。ここにも他者を排除しない仏教の寛容性が確認できよう。

無我のダイナミズム

ここまで、仏教が多様化した原因、ならびに仏教多様化の諸相を整理し、インドから日本に至るまで、地域と時代とを超えて多様化は間断なく展開していることがわかった。そのような視点で現代仏教をあらためて見直したとき、私の目に現代仏教は多様化・進化を止めてしまったように映る。仏教は諸行無常を説くので、ブッダの教えも時代や地域に応じて変容しなければならない。宗祖を讃仰するのはよいが、それと仏教自体の進化は別物だ。ここで再度、ブッダの態度を確認しておこう。

ブッダは後に仏教という教祖とみなされ、信仰の対象となった。それはそれでよい。だがブッダ自身、自らを教祖と見なしたことはなかった。ブッダが最初の説法を行い（初転法輪《しょてんぽうりん》）、五比丘が覚りを開き、教団が呱々《ここ》の声を上げたとき、仏典はそのときの様子を「六人の阿羅漢が誕生した」と描写し、ブッダと五比丘を同等に扱っている。また、先にも述べたように「仏」は本来、普通名詞であり、Buddha と呼ばれる仏弟子も存在した。

本書で何度も引用した「筏の喩え」や「自灯明・法灯明」には「自己否定」の姿勢が確認される。ブッダの言説は「無我」で貫かれているのだ。この無我（自己否定）にこそ仏教のダイナミズムが十二分に発揮され、そこにこそ仏教が仏教である魅力がある。

浄土宗の例だが、法然は弟子の法蓮房信空《ほうれんぼうしんくう》から、「昔から学徳の優れた人には皆、遺跡というものがあります。しかしながら現在、上人には遺跡となる寺院の一つもございません。上人が亡くなられた後、どこを遺跡とすればよいでしょうか」と尋ねられた。すると、法然はこう答えた。

遺跡を一つの場所に限定すれば、私の遺した念仏の教えは遍《あまね》くいきわたらない。私の遺跡はすべての場所に遍満している。というのも、念仏の教えを起こして盛んにすることは、この私が生涯をかけて教え勧めたことだ。念仏が称えられている場所は、身分の上下に関係なく、漁師の粗末な小屋であっても、すべて私の遺跡である（『勅伝』第三七巻）。

法然にとって大事なのは、「自分の軌跡」ではなく「念仏の相続」である。自分の軌跡としての霊場を定めても、そこで念仏の声が聞かれないならば、それは霊場でも遺跡でもないと法然は考えた。ここに、ブッダと同じ、法然の自己否定（無我）の態度が見られる。他の宗祖にも同様の態度が確認できるに違いない。

祖師（宗祖）信仰と原理主義

とすれば、現代日本の祖師信仰至上主義的なあり方は問題だ。そもそも祖師自体、現代に甦って現状をみたなら、「私が祖師として信仰されてるのか！」と仰天するに違いない。『臨済録』に「仏に逢っては仏を殺し、祖にあっては祖を殺せ」という言葉があるが、ここにこそ仏教のダイナミズムが遺憾なく表現されている。「殺す」とは刺激的な言葉だが、要は「超える／新たに生かす」ということだ。

祖師に対するリスペクトは保ちながらも、いや保つがゆえに、祖師の教え（不易）は

「いま／ここ」という時代性と地域性とに応じ、時機相応の教えとして更新しなければならない（流行）。滞った水は腐るのを待つしかない。ではなぜ、日本において祖師信仰はこれほどまでに根強いのか。前川［2010: 135］は、日本の鎌倉新仏教の特質および日本の祖師信仰を「律不在」に求める。

律という仏教教団の共通規範を否定する以上、各宗派は独自の仕方で僧侶を養成することになる。そして、宗派内では求心力を維持するため、各祖師のカリスマ性が声高に語られることになる。宗派性の強さや祖師信仰といった、一般に日本仏教の特徴とされるものは、律の衰退と相関している。

律不在という日本仏教の特徴が原因なら、日本の祖師信仰を覆すのは極めて難しい。仏教のダイナミズムが自我の否定にあり、それゆえ旧来の仏教が更新されて多様化してきたことに仏教の生命線があるなら、祖師信仰はそれと逆行し、結果として仏教の活力を死滅させる力として働く。祖師を信仰し讃仰することは大事だが、祖師信仰至上主義となると話は別だ。これは原理主義であり、極めて危険である。

すでにみたように、原理主義とは本来キリスト教にのみ適用される概念で、「聖書のみが完全無謬《むびゅう》の絶対的権威であり、その記述を事実として信じること」を意味するが、ここでは原理主義の意味内容をやや広くとり、「聖典（経典）および教祖を絶対視する考え方」と定義する。仏教が原理主義を免れているのは、釈迦牟尼教ではなく仏教（仏たちの教え）であるからだが、今日の日本仏教は原理主義的様相を呈してはいないか。日本の宗派仏教についての並川［2017: 125–126］の見解を紹介する。

開かれたはずの宗派が、時代性や地域性を反映することなく、旧態依然としてまるで保持することが目的化したかのように存在し続け、それによって排他的な状況を生むことになれば、その宗派は宗祖の意志はもとより、仏教の範疇からもはみ出している。仏教は常にその時代その地域に根ざした宗教であり、そこで生き生きと活動していなければならず、現実を無視してただ単に形式的な信仰という形態だけで宗祖と個人が結びついて存続しているならば、これまた仏教の枠から逸脱することになるのである。宗祖が宗を起こした真意が今も生きているかどうかを直視することが、宗祖の真意を継承することになるであろう。そこに、宗派が宗派として存在する意義があるはずである。

日本の宗派仏教も同様で、祖師や特定の大乗経典のみを絶対視し、「時機相応の教え」を説かなければ、それは仏教に値しない。「時機相応の教え」を説く「仏たちの教え」の多様性にこそ、仏教の活潑潑《かっぱっぱっ》とした生命が宿っている。

理法に人格（意思）があるとすれば……

これから将来に向けて、日本の現代仏教が新たに脱皮できるかどうかを考えたとき、私は悲観的になり、暗澹たる気持ちに襲われることがしばしばあった。しかし、本書を執筆するうちに、楽観的な見方もできるようになった。案外、大丈夫ではないかと。なぜか。本書の最後では、学問的な態度を卓袱台《ちゃぶだい》返しし、空想めいたことを自由に記すことをお許しいただきたい。

本書では進化論、とくにドーキンスの理論「生物の個体は遺伝子の乗物にすぎない」を援用し、「教法は理法の乗物にすぎない」という視点で論を展開してきた。遺伝子に人格があるかどうかはわからないが、生物の歴史をみると、自ら生き延びようとさまざまな戦略を講じてきたのは事実だから、遺伝子は何らかの人格を持っているようにも見えるし、それがドーキンスの視点でもあった。同様に、理法に人格があるとすれば、理法は自らの生き残りをかけて何らかの戦略を講じ、乗り移るべき多彩な教法（乗物）を創造してきたように見える。それが本書で概観してきた仏教の多様化の歴史だ。

本書では、鳩摩羅什による『法華経』の加筆「其罪畢已」が日蓮仏教の誕生に大きく寄与したことを確認したが、これを偶然とみるか必然とみるか。理法に意思があると仮定すれば、これは必然となる。日蓮を通じて新たな仏教を誕生させるために、理法は鳩摩羅什をして加筆せしめたとも解釈できよう。善導の読み換え（念→声（＝称））も同様だ。たった一文字の変更が浄土教の流れを根本的に変えてしまったが、これも巧みな理法の戦略かもしれない。本書で取り上げた新解釈も再解釈も改読も誤訳も、すべて理法の仕業と考えれば、仏教史もまた違って見えるだろう。

同様の事態は仏教美術の領域でも起きている。一つの例として、日本における九相図《くそうず》を手がかりに考えてみよう。九相図の原型はブッダ時代の修行法にまで遡る。当時の修行者は死体遺棄場で死体が腐乱する様を詳細に観察し、身体に対する貪りを克服しようとした（松濤［1991］）。それが後に不浄観の一つとして九想観（九段階に分けて死体の腐乱状況を念想）という教義を確立させ、それが中国を経て日本に入ると、九相図という絵画として再生した。

だが、いったん九想観が九相図として絵画化されると、それは本来の目的を離れ、独自の展開を遂げることになる。九相図などの仏教絵画を図像誌（図像の動的な様態を記述する方法）という観点から考察した山本［2020］によりながら、その経緯を簡単にまとめておこう。

インド仏教に起源を持つ九想観はまず文字という媒体を通して表現された。それが中国仏教を経て日本に将来されると、その文字情報は絵画という媒体を通して新たに表現し直される。鎌倉時代には、「九相図巻」（九州国立博物館蔵）や「六道絵《ろくどうえ》」（聖衆来迎寺《しょうじゅらいこうじ》蔵）に含まれる「人道不浄相幅《にんどうふじょうそうふく》」が創作された。また九相図は文学にも影響を与え、『宝物集』（平康頼《たいらのやすのり》著）、『発心集』（鴨長明編）、そして『閑居友《かんきょのとも》』（作者不詳）などにも九相観に関連する話が見られる。さらに室町時代を迎えると、この九相図に九相を詠んだ和歌を詞書に持つ「九相詩絵巻」も作られるようになった。

九相図の活動はこれに留まらない。幕末から明治期にかけても九相図は河鍋暁斎《かわなべきょうさい》らによっても描き続けられ、さらには現代アーティスト松井冬子も「浄相の持続」と題した作品を残している。このように、不浄観（九想観）、あるいはメメント・モリのDNA（理法）は乗物（媒体）を変えながら、現代にまで生き延び、まさに「死を忘れるな」と言わんばかりにその存在をアピールしている。現代社会が「死」を隠蔽する方向に進めば進むほど、メメント・モリのDNAは形（媒体）を変えて、我々の前に立ち現れるに違いない。

仏教が行き詰まったかに見える現在ではあるが、理法のDNAは新たな戦略を練り、つぎに乗り移るべき新たな乗物（教法）を模索中かもしれない。そう考えれば、近い将来、新たな教法が誕生する可能性は大いにある。しかし、それはもはや仏教という宗教の枠内ではなく、またその実践主体も仏教の出家者でない可能性もある。理法はある意味で冷徹であるから、「乗物の価値なし」と判断すれば、仏教も出家者も過去の遺物（乗り捨てられた筏）として捨て去られる。我々は将来、どのような理法の乗物を見ることになるのだろうか。

おわりに

二〇二〇年以来、世界は未曾有のパンデミックに見舞われた。新型コロナウイルスだ。その影響はまだ世界に深い爪痕を残している。その前には一九一八年のスペイン風邪、さらにその前には一四世紀のペスト（黒死病）などが世界を震撼させたパンデミックであり、多くの命が奪われた。これだけ科学が発達した現代でさえ、医学や薬学は新型コロナウイルスには迅速に対応できていない。

また未来に目を転じれば、ＩＴ革命により、我々の生活は劇的に変容しつつある。モノまでもがインターネットと繋がり、新たなイノベーションが急激に広まりつつある。異なった分野のイノベーション同士が結合すると、足し算ではなく指数関数的に技術が進歩するという。そのような社会はSociety 5.0と呼ばれ、サイバー（仮想）空間とフィジカル（現実）空間は高度に融合され、両者の境目は曖昧になるばかりだ。

このように、社会の急速な変化が自然淘汰の圧としてさまざまな分野にかかっている中、それに仏教はどう答え、どう変化していくのか。脱皮を遂げて生き残るのか、はたまた脱皮に失敗して淘汰されるのか。社会の変化はスピードを増しているが、そのスピードに仏教はついていけるのか。葬式や法事、あるいは説法をオンラインで実施するというレベルの話ではない。それはそれで大事かもしれないが、そのような対症療法的な対応ではなく、教理・教学の本質にかかわる問題である。

仏教が今後の社会に寄与する豊富な教えを備えているのは確かだが、それは時機相応に提供できているか？　そのために出家者はやるべき本来の仕事をしているのか？　ここが最大の問題である。終章で確認したように、日本の祖師信仰や宗派仏教の桎梏《しっこく》は根深いが、この根本をなおざりにして、葬式や法事のあり方のみを表面的に変えるだけでは、早晩、仏教は過去の宗教の鬼籍に入るだけであろう。「気づいたときには、もう遅すぎた」とならぬように、各宗派の出家者（もちろん、私も含め）はこの問題に真摯に対峙する必要があるだろう。最後に指摘したとおり、理法は冷徹であるからだ。

さて今回も前著『仏と菩薩』に引き続き、大法輪閣からの出版となった。編集の労をおとりいただいたのは石原英明氏である。前回同様、実に丁寧に校正していただいたお陰で、整合性の取れた読みやすい内容になったと思う。また注記に関しては、最後の最後で横書きに変更するという私のわがままも快く受け入れてくださった。ここに、あらためて感謝申し上げる。石原さん、今回もたいへんお世話になりました。

二〇二二年一〇月二〇日（頭髪の日に）

引用文献ならびに主要参考文献

秋月　龍珉　2002.『無門関を読む』講談社.
阿満　利麿　1989.『法然の衝撃：日本仏教のラディカル』人文書院.
石井　清純　2010.『禅問答入門』KADOKAWA.
―――――　2016.『道元：仏であるがゆえに坐す（構築された仏教思想）』佼成出版社.
伊吹　　敦　2001.『禅の歴史』法藏館.
氏家　覚勝　2017a.『陀羅尼の世界（新装版）』東方出版.
―――――　2017b.『陀羅尼思想の研究（新装版）』東方出版.
梅原　　猛　2000.『法然の哀しみ（梅原猛著作集 10）』小学館.
小川　　隆　2010.「禅宗の生成と発展」沖本 [2010: 264–330].
―――――　2015.『禅思想史講義』春秋社.
沖本　克己（編）　2010.『興隆・発展する仏教（新アジア仏教史 07 中国II 隋唐）』佼成出版社.
小谷信千代　2000.『法と行の思想としての仏教』文栄堂.
小原　嘉明　2016.『入門！　進化生物学：ダーウィンから DNA が拓く新世界へ』中央公論新社.
片山　一良　1979.「パリッタ（Paritta）儀礼の歴史的背景：アッタカター文献を中心にして」『駒澤大学佛教学部論集』10, 112–124.
鎌田茂雄・上山春平　1969.『無限の世界観〈華厳〉（仏教の思想 6）』角川書店.
岸本　英夫　1964.『死を見つめる心：ガンとたたかった十年』講談社.
木村　清孝　1997.『華厳経をよむ』日本放送出版協会.
―――――　2015.『華厳経入門』KADOKAWA.
小松邦彰・花野充道（編）　2014.『日蓮の思想とその展開（シリーズ日蓮）』春秋社.
小室　直樹　2000.『日本人のための宗教原論：あなたを宗教はどう助

けてくれるのか』徳間書店.
三枝　充悳　1990.『仏教入門』岩波書店.
――――――　1999.『ブッダとサンガ：〈初期仏教〉の原像』法藏館.
佐々木　馨（編）　2004.『法華の行者 日蓮（日本の名僧 12）』吉川弘文館.
佐々木　閑　2000.『インド仏教変移論：なぜ仏教は多様化したのか』大蔵出版.
更科　　功　2019.『進化論はいかに進化したか』新潮社.
下田　正弘　1997.『涅槃経の研究：大乗経典の研究方法試論』春秋社.
――――――　2013.「初期大乗経典のあらたな理解に向けて：大乗仏教起源再考」高崎 [2013: 3–100].
下松　　徹　1987.「東寺講堂の諸尊と三輪身説」『密教文化』157, 50 － 66.
釈　　徹宗　2010.『親鸞：救済原理としての絶対他力（構築された仏教思想）』佼成出版社.
――――――　2011.『法然親鸞一遍』新潮社.
浄土宗出版（篇）　2018.『仏教読本』浄土宗出版.
末木文美士　1998.『鎌倉仏教形成論：思想史の立場から』法藏館.
――――――　2004.「法然の『選択本願念仏集』撰述とその背景」中井 [2004: 85–110].
――――――（編）　2010a.『躍動する中世仏教（新アジア仏教史 12・日本Ⅱ）』佼成出版社.
――――――　2010b.『増補 日蓮入門：現世を撃つ思想』筑摩書房.
末木文美士・頼住光子　2018.『日本仏教を捉え直す』放送大学教育振興会.
千賀　真順　1994.『国訳一切経：和漢撰述部六（諸宗部五）』大東出版社.
平　　雅行　1992.『日本中世の社会と仏教』塙書房.
高木　　豊　1973.『平安時代法華仏教史研究』平楽寺書店.
高崎　直道　1982.「如来蔵思想の歴史と文献」平川 [1982: 1–49].

――――(監) 2011a.『大乗仏教とは何か（シリーズ大乗仏教 1)』春秋社.
――――(監) 2011b.『大乗仏教の誕生（シリーズ大乗仏教 2)』春秋社.
――――(監) 2013.『智慧／世界／ことば：大乗仏典 I（シリーズ大乗仏教 4)』春秋社.
竹内久美子 1994.『そんなバカな！：遺伝子と神について』文藝春秋.
武内 紹晃 1981.「仏陀観の変遷」平川 [1981: 153–181].
竹村 牧男 2004.『華厳とは何か』春秋社.
田中 公明 2020.『両界曼荼羅の源流』春秋社.
玉城康四郎 2018.『スタディーズ 華厳』春秋社.
田村 芳朗 1970.「天台法華の哲理」田村・梅原 [1970: 9–196].
田村芳朗・梅原猛 1970.『絶対の真理〈天台〉（仏教の思想 5)』角川書店.
角田 泰隆 2021.『道元入門』KADOKAWA.
ドーキンス、リチャード 1991.『利己的な遺伝子』紀伊國屋書店.
中井 真孝 (編) 2004.『念仏の聖者 法然（日本の名僧 7)』吉川弘文館.
長尾 雅人 1967.『世界の名著 2 ：大乗仏典』中央公論社.
――――(他編) 1988.『インド仏教 2（岩波講座・東洋思想 第九巻』岩波書店.
―――― 2001.『仏教の源流：インド』中央公論新社.
中島 岳志 2021.『思いがけず利他』ミシマ社.
中村 元 1980.『ナーガールジュナ（人類の知的遺産 13)』講談社.
1988a.『インド人の思惟方法：東洋人の思惟方法 I ／中村元選集［決定版］第 1 巻』春秋社.
―――― 1988b.『シナ人の思惟方法：東洋人の思惟方法 II ／中村元選集 [決定版] 第 1 巻』春秋社.
並川 孝儀 2005.『ゴータマ・ブッダ考』大蔵出版.
―――― 2017.『ブッダたちの仏教』筑摩書房.

——— 2021a. 「最古層経典における sata、sati の用法」『佛教大学仏教学部論集』105, 1–18.
——— 2021b. 「最古層経典にみる sata、sati の意義とその展開：仏教最古の根本的立場」『佛教大学仏教学会紀要』26, 1–24.
——— 2022. 「初期韻文経典にみる教理化の一断面：「無常（anicca）」、「行（saṅkhāra）」、「蘊（khandha）」からみて」『佛教大学仏教学部論集』106, 1–18.
奈良 康明 1973. 「パリッタ（Paritta）呪の構造と機能」『宗教研究』213, 39–69.
花野 充道 2014. 「日蓮の生涯とその思想」小松・花野 [2014: 4–81].
長谷川眞理子 2020. 『ダーウィン 種の起源：未来へつづく進化論（NHK「100 分 de 名著」ブックス）』NHK 出版.
バルバロ、フェデリコ（訳） 1980. 『聖書』講談社.
平岡 聡 2001. 「〈書評・紹介〉：佐々木閑著『インド仏教変移論：なぜ仏教は多様化したのか』」『佛教学セミナー』73, 87–96.
——— 2012. 『法華経成立の新解釈：仏伝として法華経を読み解く』大蔵出版.
——— 2015. 『大乗経典の誕生：仏伝の再解釈でよみがえるブッダ』筑摩書房.
——— 2016a. 『〈業〉とは何か：行為と道徳の仏教思想史』筑摩書房.
——— 2016b. 『ブッダと法然』新潮社.
——— 2018a. 『浄土思想史講義：聖典解釈の歴史をひもとく』春秋社.
——— 2018b. 『浄土思想入門：古代インドから現代日本まで』KADOKAWA.
——— 2019a. 『南無阿弥陀仏と南無妙法蓮華経』新潮社.
——— 2019b. 『法然と大乗仏教』法藏館.

——————　2020a.　『進化する南無阿弥陀仏：念仏はどこからきて、どこに向かうのか？』大蔵出版.
——————　2020b.　『菩薩とはなにか』春秋社.
——————　2021a.　『鎌倉仏教』KADOKAWA.
——————　2021b.　『日蓮に学ぶレジリエンス：不条理な人生を生き抜くために』大法輪閣.
——————　2022a.　『親鸞と道元』新潮社.
——————　2022b.　『仏と菩薩：初期仏教から大乗仏教へ』大法輪閣.
平川　彰（他編）　1981.　『講座・大乗仏教１：大乗仏教とは何か』春秋社.
——————（他編）　1982.　『講座・大乗仏教６　如来蔵思想』春秋社.
——————　1989.　『初期大乗仏教の研究 Ｉ（平川彰著作集第３巻）』春秋社.
藤田　祥道　2011.　「大乗仏説論の一断面：『大乗荘厳経論』の視点から」高崎 [2011a: 113–149].
ブロディ、リチャード・森　弘之（訳）
　　1998.　『ミーム：心を操るウイルス』講談社.
本庄　良文　1988.　「南伝ニカーヤの思想」長尾 [1988: 36–55].
——————　1989.　「阿毘達磨仏説論と大乗仏説論：法性、隠没経、密意」『印度学仏教学研究』38–1, 59–64.
——————　2011.　「経の文言と宗義：部派仏教から『選択集』へ」『日本仏教学会年報』76, 109–125.
前川　健一　2010.　「新仏教の形成」末木（編）[2010a: 66–135].
前田　恵学　1964a.　『原始仏教聖典の成立史研究』山喜房佛書林.
——————　1964b.　「無量寿経のアヴァダーナ的性格」結城教授頌寿記念論文集刊行会 [1964: 111–122].
松長　有慶　1991.　『密教』岩波書店.
松濤　誠達　1980.　『ウパニシャッドの哲人（人類の知的遺産２）』講談社.
——————　1991.　『仏教者たちはこうして修行した：わたくしの釈尊

論』浄土宗出版.
松本　史朗　1994.『禅思想の批判的研究』大蔵出版.
間宮　啓壬　2014.「日蓮の題目論とその継承」小松・花野 [2014: 273–290].
―――――　2017.『日蓮における宗教的自覚と救済:「心み」の宗教』東北大学出版会.
水野　弘元　1972.『仏教要語の基礎知識』春秋社.
南　　直哉　2008.『『正法眼蔵』を読む：存在するとはどういうことか』講談社.
宮坂　哲文　1947.『禅における人間形成：教育史的研究』霞ヶ関書房.
宮治　　昭　2010.『インド仏教美術史論』中央公論美術出版.
柳田　聖山（訳）　2004.『臨済録』中央公論新社.
柳田聖山・梅原猛　1969.『無の探究〈中国禅〉(仏教の思想 7)』角川書店.
山本　聡美　2020.『中世仏教絵画の図像誌：経説絵巻・六道絵・九相図』吉川弘文館.
結城教授頌寿記念論文集刊行会　1964.『仏教思想史論集（結城教授頌寿記念)』大蔵出版.
吉津　宜英　2010.『法蔵:「一即一切」という法界縁起（構築された仏教思想)』佼成出版社.
頼住　光子　2011.『道元の思想：大乗仏教の真髄を読み解く』NHK出版.
―――――　2014.『正法眼蔵入門』KADOKAWA.
頼富　本宏（編著)　2007.『大日如来の世界』春秋社.
若松英輔・山本芳久　2018.『キリスト教講義』文藝春秋.
渡辺　章悟　2011.「大乗仏典における法滅と授記の役割：般若経を中心として」高崎 [2011b: 73–108].
MacQueen, G.　1981–82.　“Inspired Speech in Early Mahāyāna Buddhism I,” *Religion* 11, 303–319; *ibid.* II, *Religion* 12, 49–65.

Metzger, B. 1987. *The Canon of the New Testament: Its Origin, Development, and Significance*, Oxford: Clarendon Press (Reprint: 1988).

Suzuki, T. 2017. ""Qizui biyi" Having Atoned for His Sin: Nichiren and Sadāparibhūta." *Indogaku Bukkyōgaku kenkyū* 印度学仏教学研究 65 (3),109–117.

平岡　聡（ひらおか・さとし）

1960（昭和35）年、京都生まれ。佛教大学大学院文学研究科博士後期課程満期退学。ミシガン大学に客員研究員として留学。博士（文学）。京都文教学園学園長・京都文教大学教授。第42回日本印度学仏教学会賞、第12回坂本日深学術賞を受賞。
主な著書に『法華経成立の新解釈』『進化する南無阿弥陀仏』（大蔵出版）、『大乗経典の誕生』（筑摩書房）、『菩薩とはなにか』『理想的な利他：仏教から考える』（春秋社）、『鎌倉仏教』（KADOKAWA）、『南無阿弥陀仏と南無妙法蓮華経』（新潮社）、『日蓮に学ぶレジリエンス』『仏と菩薩』（大法輪閣）などがある。

なぜ仏教は多様化するのか 〝教え〟は〝真理〟の乗物にすぎない！

2023年3月10日　初版第1刷発行

著　者　平　岡　聡
発行人　石　原　俊　道
印　刷　亜細亜印刷株式会社
製　本　東京美術紙工協業組合
発行所　有限会社 大　法　輪　閣
〒150-0022 東京都渋谷区恵比寿南 2-16-6-202
TEL 03－5724－3375（代表）
振替 00160－9－487196 番
http://www.daihorin-kaku.com

編集協力：髙木夕子　装 幀：山本太郎

ISBN978-4-8046-1443-4 C0015